Christine Berg und Jutta Ohl (Hrsg.)

Fortunae – 400 Jahre Frauengeschichte(n) in, aus und um Glückstadt. Band 5

Herausgeberinnen: Christine Berg, Glückstadt,
und Jutta Ohl, Bekmünde

Rechnungslegung und Vertrieb:
Christine Berg
Reichenberger Str. 27
25348 Glückstadt

Sollten Sie als Leserin und als Leser in Ihrem Umfeld, Bekannten- und Verwandtenkreis, aber auch aus Erzählungen und Berichten zu diesem Buch einen weiteren Beitrag leisten wollen oder uns etwas zu berichten und zu erzählen haben, so nehmen Sie mit uns Kontakt auf; siehe dazu hinten.

Ein besonderer Dank gilt denen, die uns unterstützt und gefördert haben, und vor allem auch denen, die uns ihre Manuskripte und Texte sowie Bilder und Darstellungen kostenlos zur Verfügung stellten.

1. Auflage 2021

Lektorat, Layout, Satz und Umschlaggestaltung: Christine Berg

Christine Berg und Jutta Ohl (Hrsg.)

Fortunae – 400 Jahre Frauengeschichte(n) in, aus und um Glückstadt. Band 5

Kay Blohm gewidmet

Bibliografische Information der Deutschen Nationalbibliothek

Die Deutsche Nationalbibliothek verzeichnet diese Publikation in der Deutschen Nationalbibliografie; detaillierte bibliografische Daten sind im Internet über http://dnb.d-nb.de abrufbar.

Herstellung und Verlag: BoD - Books on Demand, Norderstedt

ISBN: 978-3755-7125-34

Grußwort

Als der erste Band der „Fortunae" im Jahr 2017 zum 400-jährigen Stadtjubiläum von Glückstadt erschien, konnten die Herausgeberinnen Jutta Ohl und Christine Berg sicherlich noch nicht ahnen, welche Bedeutung ihr Projekt einmal erlangen würde. Mit dem fünften Band, der nun erscheint, zeigen sie, dass die Geschichten von Frauen und die Geschichte, die von Frauen geschrieben wurde und wird, noch lange nicht erschöpft sind. Diese weiblichen Lebensläufe belegen, dass Frauen schon immer das gesellschaftliche, wirtschaftliche, politische, sportliche und kulturelle Leben geprägt und gestaltet haben und werden.

Über Jahrhunderte wurden herausragende Lebensläufe von Frauen als Ausnahmeerscheinungen dargestellt. Tatsächlich haben sie immer in allen Lebensbereichen aktiv mitgewirkt, insofern gesellschaftliche Normen und rechtliche Voraussetzungen dies zuließen.

Die Pionierarbeit der beiden Herausgeberinnen ist daher gar nicht hoch genug einzuschätzen. Mögen die Biographien weitere AutorInnen inspirieren, über Frauen zu forschen und die Geschichtsschreibung um viele weitere wichtige Kapitel zu ergänzen. Ich wünsche den Herausgeberinnen viele weitere „Fortunae"-Bände und den LeserInnen viel Freude bei der Lektüre.

Dr. Miriam J. Hoffmann
Leiterin Kreismuseum Prinzeßhof, Itzehoe

Ein fotografischer Gruß

Vor einigen Jahren bedachte mich Anke Strackerjan mit einem Stapel alter Fotos aus ihrem Familienbesitz. Ich war und bin immer noch mehr als erfreut darüber, denn einige von ihnen stammen aus einem der ersten Fotoateliers Glückstadts:

H. W. Flemming
PHOTOGRAPH
GLÜCKSTADT
Königstr. 151

Meiner Einschätzung nach sind die Aufnahmen um 1865-1875 entstanden, wenn man der Mode nach urteilen möchte. Da die Namen und Personen unbekannt geblieben sind, sollen sie aber an dieser Stelle einen fotografischen Gruß übermitteln. Denn grad Kinderporträts sind aus den Glückstädter fotografischen Anfängen sehr selten.

Uwe Lüthje aus Laboe, der sich intensiv mit frühen Fotografen und Fotoateliers Schleswig-Holsteins beschäftigt und diese zusammenträgt und publizieren wird, übermittelte mir dankenswerterweise einige Eckdaten zu H. W. Flemming:

„Heinrich Wilhelm Flemming wurde am 12.04.1822 in Fahren/ Probstei geboren und starb am 11.07.1898 in Schleswig in der „Irrenanstalt“. Seine Eltern waren der Einwohner Hans Flemming und Lenk geb. Schneekloth aus Fahren in der Probstei. Er war verheiratet mit Cäcilia Albertine, geb. Jungnickel, die aus Steinburg/Stormarn stammte. 1857 wird die Tochter Anna und 1861 der Sohn August in Glückstadt geboren. In den Taufeinträgen der Kinder wird als Beruf des Vaters Lohndiener angegeben. Die Tochter Anna heiratet im Januar 1885 in Glückstadt. Beruf des Vaters ist Rentier. H. W. Flemming war ein aktiver und engagierter Bürger in Glückstadt.

Von 1873-1879 war er Stadtverordneter und von 1879-1886 Kirchenältester. Im März 1898 verlässt Flemming Glückstadt und zieht nach Kiel. Vermutlich war er zu der Zeit bereits sehr krank. Im Juli 1898 wurde er in die "Irrenanstalt" in Schleswig eingewiesen und starb noch im selben Monat am 11. Juli 1898. Seine Witwe starb 1903 in Kiel." (Uwe Lüthje)

H. W. Flemming
PHOTOGRAPH
GLÜCKSTADT
Königstr. 151

(Repro/Fotos (3): Christine Berg)

H. W. Flemming
PHOTOGRAPH
GLÜCKSTADT
Königstr. 151

(Repro/Fotos (3): Christine Berg)

Inhaltsverzeichnis Seite

Dat schall glücken – dat mut glücken! Fortunae – **über** 400 Jahre Frauengeschichte(n) in, aus und um Glückstadt

Am 8. März 2015 zum „Internationalen Frauentag" wurde die Idee geboren, eine Sammlung mit Glückstädter Frauengeschichte(n) zu publizieren. Dass diese Sammlung so umfänglich wird, die Arbeit daran so viele Fragen aufwirft, so in die Tiefe geht und gleichzeitig so bereichernd ist, hätten wir beide nicht gedacht. Und dass diese Arbeit und Forschung und dieses Entdecken wahnsinnigen Spaß machen, möchten wir gerne mit Ihnen teilen!

Und ja, eigentlich müssten wir den Haupttitel unserer – inzwischen – Reihe ändern, denn im Jahr 2021 liegen wir schon vier Jahre hinter dem Jubiläumsjahr 2017. Folglich haben wir auf dieser Seite ein kleines „**über**" eingefügt. Das fünfte Jahrhundert hat bereits begonnen!!

Diese Ausgabe folgt mit ihren vier Hauptteilen, die sich an Glückstadts Zeitschiene über vier Jahrhunderte hinweg orientieren, der Einteilung der ersten vier Bände. Aber wir haben uns etwas Besonderes überlegt. Denn das Jahr 2021 markiert ein wichtiges Datum: Im Jahr 2021 leben Jüdinnen und Juden nachweislich 1.700 Jahre auf dem Gebiet des heutigen Deutschland. Dies wird im Jubiläumsjahr bundesweit mit einer Vielzahl von Veranstaltungen gefeiert und gewürdigt. Ziel ist, „jüdisches Leben sichtbar und erlebbar zu machen und dem erstarkenden Antisemitismus etwas entgegenzusetzen" (Quelle: https://2021jlid.de, 15.01.2021).

Und so soll auch Band 5 einen 5. Teil bzw. eine Art Annex beinhalten, der mit dem Schwerpunkt ‚Frauen und Mädchen „mosaischen" bzw. jüdischen Glaubens, Sephardim und Aschkenasim' den Band abrundet. Jüdisches Leben existierte in Glückstadt seit dem Jahr 1619.

Daher haben wir uns entschlossen, Herrn **Kay Blohm** Band 5 zu widmen; stellvertretend natürlich für die vielen kompetenten Forscherinnen und Forscher, die zu Glückstadts jüdischer Geschichte Dinge ans Licht bringen. Kay Blohm bot uns engagiert Hilfe an und überzeugte mit wertvollen Tipps, außerdem durften wir immer aus seinem reichhaltigen Kenntnisschatz und seinen Forschungsergebnissen schöpfen. Christian Boldt und Kay Blohm gaben z.B. im Nachgang zur Ausstellung 2017 den Band „Der Jüdische Friedhof in Glückstadt" heraus, der in Erweiterung viele Familien vorstellt und ebenso Übersetzungen der Grabplatten liefert.[1]

Am 12.09.2021 wurde mit einem Festakt die Glückstädter Straße „Pentzstraße", die am jüdischen Friedhof ein Teilstück hat(te), in „Am Jüdischen Friedhof" umbenannt. Kay Blohm stellte bei dieser Gelegenheit sein Buch über den jüdischen Friedhof vor.[2]

Das Schönste für uns ist wie immer, dass wir so viel positives Feedback erhalten durften und dürfen. Auch dass wir zu Lesungen eingeladen worden sind und selber Stadtrundgänge organisieren und durchführen konnten und beides weiterhin werden, freut uns sehr. Wir beide haben im vergangenen Jahr wieder gesammelt, recherchiert, Gespräche geführt und zugehört, notiert und fotografiert, und präsentieren nun, im Jahr 2021, den fünften Band. Viele Menschen haben uns geholfen und begleitet, diese führen wir am Ende des Buches in der Danksagung auf.

Schwerpunkt dieses Bandes ist wiederum das 18. Jahrhundert, was daran liegt, dass wir für diesen Zeitraum am bislang einfachsten die umfänglichsten Informationen erhalten. Ergänzend zu den Volkszählungen der Jahre 1803 und 1835, die online bequem zu recherchieren

---

1 Kay Blohm und Christian Boldt (Hrsg.) (2018), *Der Jüdische Friedhof in Glückstadt, Begleitpublikation zur Ausstellung des Detlefsen-Museums*, Glückstadt.

2 Kay Blohm (2021), *Das Haus der Ewigkeit in Glückstadt. Die jüdische Gemeinde und ihr Friedhof*, Kay Blohm, 25379 Herzhorn, 240 Seiten.

sind, haben wir im Mai 2018 dann erstmalig Einblick in das Kirchenkreisarchiv des Kirchenkreises Rantzau-Münsterdorf in Wrist nehmen. Mithilfe des kompetenten und an unseren Recherchen sehr interessierten Archivars Bastian Didszuhn recherchierten wir in Taufregistern, in Toten- bzw. Sterberegistern und in Copulations- bzw. Heiratsregistern sowohl der Stadt als auch denen von Schloss und Garnison.

Ergänzender Schwerpunkt sind Fotos aus dem Glückstädter Stadtarchiv, derzeit zum größten Teil im Lentzenweg untergebracht, die in vielen Aktenordnern mit alten Fotos und handschriftlichen Hinweisen zu früheren Einwohnerinnen und Einwohnern sowie unzähligen weiteren Themen aus Glückstadts Geschichte dokumentiert und archiviert sind, bei deren Recherche mir ebenfalls **Kay Blohm** zur Seite stand. Nun herauszufinden, welche Menschen zu den Fotos, egal ob Kabinettfotos oder Carte de Visite, gehörten, war und ist eine sehr langwierige und aufwändige Aufgabe, aber auch eine sehr bereichernde und detektivisch-herausfordernde.

Wichtig ist uns, dass wir auch diesen Band in nach wie vor ehrenamtlicher Arbeit erstellt haben. Denn wir beide konnten und können nur das nach bestem Wissen und Gewissen publizieren, was uns in der so wichtigen „Oral History", den mündlichen Befragungen von Zeitzeuginnen und Zeitzeugen, mitgeteilt und was uns an schriftlichen Materialien von Privatleuten und dem so ungemein wichtigen und unersetzlichen Stadtarchiv Glückstadt zur Verfügung gestellt werden konnte.

Wichtig ist uns weiterhin, dass Sie wissen, dass wir nicht alle uns vorliegenden Texte und Abbildungen zu Frauen und deren Daten aufnehmen konnten, weil es zum Teil schwierige oder unsichere Verhältnisse zum Urheber- und/oder Nutzungsrecht gibt. Vertraulichkeit und Verlässlichkeit ist uns stets oberstes Gebot. Und der familiäre und persönliche Schutz steht bei uns immer über einer Publikation!

Die Herausgeberinnen Christine Berg, links, und Jutta Ohl, rechts, zur Präsentation des 4. Bandes, die am 29. August 2020 im Garten des Detlefsen-Museums in Glückstadt nachgeholt wurde.
(Foto: privat)

Wir wünschen Ihnen eine anregende Lektüre und vor allem ein bereicherndes Schmökern und Staunen ob der großen „bunten Vielfalt“, die GLÜCKstadt nach wie vor bereithält!

Ihre Christine Berg (Glückstadt) und Jutta Ohl (Bekmünde)
Herbst 2021

Die „Fortuna“: die berühmteste Frau Glückstadts

Eigentlich ist die Fortuna eine altitalienische Frauengottheit, deren Kult auf den römischen König Servius Tullius (578-534 v. Chr.) zurückgeführt wird. Ursprünglich von mütterlichem Charakter, vielfach mit Orakeln verbunden, wurde sie später zu einer Göttin des Glücks.

Am 22. März 1617 unterzeichnete König Christian IV. die Gründungsurkunde der Stadt Glückstadt. Er gab ihr lübisches Recht, Namen und Wappen. Das Wappen wurde die „Glücksgöttin Fortuna“. „Dat schall glücken und dat mutt glücken“ – so lautete das Wort des Dänenkönigs für die „neue Stadt in der eingeteichten Wildnüß“ als er das Gründungsprivileg erteilte. Der freie Hafen mit Königsschloss und Festung sollte das mächtige Hamburg zu Boden zwingen mit Fortunas Hilfe. Wohl war der Sieg über die Hansestadt nicht zu erringen, aber Fortuna auf der goldenen Weltkugel mit dem Segel im Wind ist als Stadtwappen dem Gemeinwesen am Elbstrom, genau in der Mitte zwischen Hamburg und dem offenen Meer gelegen doch treu geblieben. In den alten Straßen erzählen schöne Barockfassaden von den Zeiten da Walfänger von der Glückstädter Mole in See stachen und dänische Frachter ihre Ladung aus Island löschten.

Die Glückstädter Fortuna ist – mit einem wehenden Schleier (Band oder Segel) auf einer Erdkugel schwebend – heute überall in Glückstadt zu entdecken. Sie ziert den Kirchturm der evangelischen Stadtkirche. Sie ist in einem Sandsteinrelief über der Balkontür des Rathauses porträtiert.

Unzählige Darstellungen der Glückstädter Fortuna gibt es inzwischen, sei es für Vereine und Verbände. Auch auf Briefköpfen und Urkunden und Prospekten lebt sie überall weiter. Mal hält sie das Segel in der linken Hand, mal in der rechten. Viele der Glückstädter Fortunae halten das Segel mit der rechten Hand fest und hoch erhoben, nur auf einer Holzmalerei von Max Kahlke hat der Künstler sie mit dem Segel in beiden Händen verewigt, sodass es aussieht, als ob Fortuna unter einem Regenbogen steht. Auch gibt es etliche Darstellungen, wo die Fortunae das Segel mit der linken Hand festhalten.

Kostbarkeiten bei der Freiwilligen Feuerwehr Glückstadt

Auch die Räumlichkeiten **der Freiwilligen Feuerwehr** in der Stadtstraße beherbergen einige Fortunae. Nahe beim Außen-Treppenaufgang zu den Schulungsräumen im 1. Stock hängt ein Wappen, das zum 125. Jubiläum der FFW gefertigt wurde. Es ist nicht ganz klein.

(Foto: Christine Berg)

Dann gibt es im großen Schulungsraum im 1. Stock ein Glasmotiv bzw. ein Glasfenster, das die Fortuna klassisch mit weißem Segel auf blauem Grund darstellt.

(Foto: Christine Berg)

Eine dritte Fortuna entdeckte ich im Vorraum. Sie ist plastisch aus Metall gefertigt worden und auf einem Holzwappen montiert. Dieses Modell hängt relativ weit oben, sodass man sie erst auf den zweiten oder dritten Blick finden mag. Ein Schildchen darunter verrät die Herkunft: „Bahnfeuerwehr Awst. Glückstadt 27.8.1974"

(Foto: Christine Berg)

Fotos

Dann erstand ich vor einiger Zeit eine CdV, die auf dem Abzug einen kleinen Jungen porträtiert. Ich wunderte mich, warum dieser unter Glückstadt zu finden war. Der Fotograf saß nicht in Glückstadt, hieß aber mit Namen so: H. P. Glückstadt. Und ganz eindeutig ist in dem Logo die Fortuna zu erkennen, die auf einer Kugel steht, und beides wiederum über einer Stadt mit Hafen platziert ist. Soll dies Glückstadt sein? Oder Hamburg, wo das Atelier lag?

Ulf Evers machte in seinem Vortrag zu „Glückstadt im Namen", den er im November 2019 vor der Detlefsen-Gesellschaft Glückstadt e.V. hielt, darauf aufmerksam, dass auch hier weit zurückreichende Verbindungen zu Glückstadt bestehen.

Photographisches Atelier Von H. P. Glückstadt Am Besenbinderhof Rosen-Allée Nọ 2. St. Georg, Hamburg. (Repro/Foto: Christine Berg)

Dazu passt auch eine Fotopostkarte Frieda Glückstadt. Das Foto entdeckte ich ebenfalls bei einer Internet-Auktion, der Fotograf ist allerdings unbekannt. Manchmal hat man das Glück, anhand der Fußbodenbeläge oder Fliesen das Fotoatelier ausfindig machen zu können. Diese waren nämlich unverrückbar.

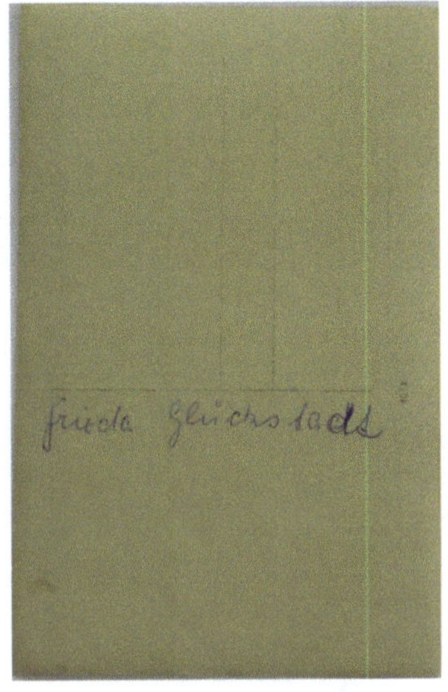

Handschriftlicher Vermerk auf der Rückseite des Porträts. Fotograf, Datum und Aufnahmeort unbekannt.
(Repro/Fotos (2): Christine Berg)

Schlüsselanhänger und Sticker

In Glückstadt kann man beides, Schlüsselanhänger und Sticker, käuflich erwerben und die Souvenirs sind schöne Repräsentantinnen des Stadtdenkmals und der Fortuna. Im Schlüsselanhänger befindet sich ein Einkaufschip, der den Vorteil hat, dass man die Fortuna von zwei Seiten betrachten kann, sie hat also das Segel wahlweise in der rechten oder linken Hand zu halten. Ich finde, beide Stücke sind auch wunderbare Geschenke und hervorragende Werbeträgerinnen für die Stadt.

(Fotos (3): Christine Berg)

Silberlöffel für Taufen

Die Fortuna ist auch in zwei Silberlöffel eingestanzt worden, die aus der Werkstatt des Glückstädter Silberschmieds tho Aspern stammen.

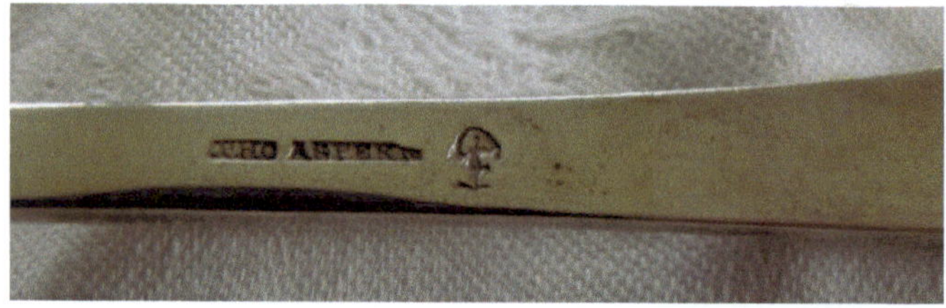

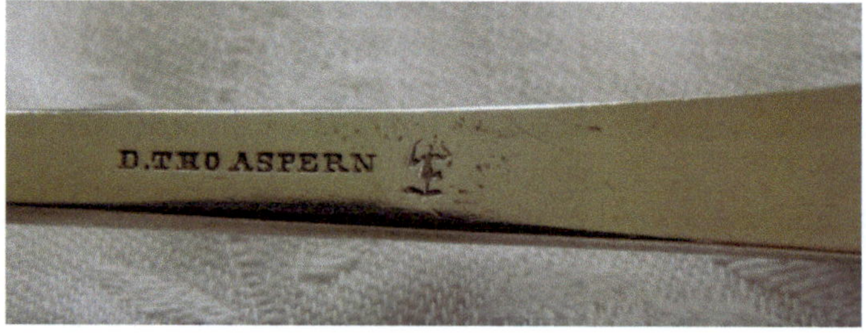

(Fotos (2): Christine Berg)

Beide Taufkinder haben in diesem Band Einträge erhalten, siehe dazu unter Cathrina Klüver 1861 und Anna Evert 1854. Beide Löffel befinden sich in meinem Eigentum (Stand Sommer 2021).

Papiersiegelmarke

Auf dem Siegel der Stadt Glückstadt ist die weiße Fortuna sehr filigran und dreidimensional ausgeprägt dargestellt. Sie hält das Segel in der rechten Hand. Soweit ich weiß, wurden diese Siegel von Gerichten und Behörden verwendet. Seit dem Jahr 1867 ersetzten Papiersiegelmarken die Wachssiegel, da dann die Portofreiheit der Länder weggefallen war.

Von wann genau dieses Siegel stammt und für welchen Zweck es verwendet wurde, weiß ich allerdings nicht. Briefverschlussmarken versiegelten Briefumschläge von amtlichen Institutionen. Dieses befindet sich in meinem Eigentum.

(Foto: Christine Berg)

Kostbarkeiten aus dem Rathaus

Über die Freilegung der alten Wandmalereien im Altbau des Glückstädter Rathauses wurde bereits in den Medien ausführlich berichtet und seit Dezember 2019 gehen die aufwändigen Sanierungsarbeiten Schritt für Schritt voran. Anfang Januar 2020 konnte ich eine günstige Gelegenheit abpassen und die Fortuna an der Decke des Treppenaufganges ablichten. Wie wird sie wohl aussehen, wenn die Arbeiten abgeschlossen sein werden und der Altbau in erdigen Ocker- und Brauntönen erscheinen wird?

Die Fortuna im Glückstädter Rathaus. Links unten während der Restaurierung im Januar 2020, rechts unten nach Beendigung der Arbeiten im Frühjahr 2021. (Fotos (3): Christine Berg)

Da die Wände, Säulen, Geländer und Decken mit einem Altweiß-Farbton übergetüncht worden waren, wird ein ganz neuer Eindruck entstehen. Im Frühjahr 2021 war es dann so weit. Das Deckengewölbe im ersten Stock des Rathauses war so gut wie fertig renoviert und ich konnte die restaurierte Fassung erneut fotografieren.

Christine Berg

Das erste Jahrhundert von 1617 bis 1717 Ereignisse in Glückstadt

Am 22. März 1617 wird Glückstadt durch König Christian IV. von Dänemark und Norwegen gegründet, indem er in Fredriksborg das Gründungsprivileg nach lübschem Recht ausfertigt.

1619: König Christian IV. ruft Einwanderungswillige nach Glückstadt, besonders wegen ihres Glaubens verfolgte Reformierte aus den Niederlanden und sephardische Jüdinnen und Juden aus Portugal. Ein Privileg des Königs vom 3. August garantiert ihnen Religionsfreiheit, uneingeschränkte Bürgerrechte sowie Freiheit des Handels und Gewerbes.

Bis Herbst 1620 ziehen 129 Einwohnerinnen und Einwohner nach Glückstadt, 70 leisten den Bürgereid und seit 3. Februar ist Wichbold von Ancken erster Bürgermeister.

Am 21. November 1632 bestellt König Christian IV. Andreas Koch zum königlichen Buchdrucker: Die heute noch bestehende Buchdruckerei Augustin, Am Fleth 36/37, wird gegründet. Sie druckte u. a. die Zeitung „Glückstädter Fortuna".

Im Jahr 1705 wird ein neues Provianthaus für die Festung erbaut. Das alte (von 1633) kann so nicht mehr stehen bleiben und wird niedergerissen. Eine Sturmflut beschädigt das Kastell auf der Südmole massiv. Dabei werden Hafenmauer und Schloss weggerissen.

Das erste Jahrhundert von 1617 bis 1717
Inhaltsverzeichnis

Kattrna Grüwell

Da Informationen zu Frauen aus dem ersten Jahrhundert der Glückstädter Stadtgeschichte nicht so üppig gesät sind, war ich ganz angetan davon, bei Hans-Reimer Möller in seinem Buch *Glückstadt*[1] auf S. 55 einen Hinweis zu einer Kattrna (wohl Katharina) Grüwell zu finden. Möller schreibt: „Eine *Inschrifttafel* an der linken Seitenfront bezeigt dem Gebäude Am Jungfernstieg 3/3 a zwischen den Einmündungen vom Groß Neuwerk und der Namenlosen Straße sein Alter:

1 SAM: JV. 12.
BIS HIEHER HAT UNS
DER HERR GEHOLFEN
ALLE UNS KENNE GEBE
GOT WAS SE UNS GUNEN
JOHAN GRÜWELL.
KATTRNA GRÜWELL.
ANNO 1678

Die alte Ziegelsteinmauer ist jetzt verputzt, die Inschrifttafel nicht mehr sichtbar. Damit wurde der Allgemeinheit ein Kulturdenkmal entzogen. Der Name Grüwell könnte identisch sein mit dem Namen Krüwel, auch in der Schreibung Kriebel vorkommend. Georg Krüwel/Kriebel lebte in Glückstadt als Königlicher Hofbildhauer. In seiner Werkstatt entstand 1648/50 die Kanzel der Glückstädter Stadtkirche."

Ruth Möller machte in ihrem Buch zu *Christian von Pentz: Das rätselvolle Leben des Glückstädter Gubernators Christian Reichsgraf von Pentz (1610-1651)* auf Seite 41 folgenden Hinweis: „Der Holzschnitzer Georg Crüwell/Kriebel kam 1631 aus dem brennenden Magdeburg …".

---

1 Möller, Hans-Reimer: *Glückstadt, Ein Führer durch das Stadtdenkmal und seine Geschichte,* Glückstadt: Verlag J. J. Augustin, 2005[4].

Nochmals mehr Infos lesen sich im Artikel[2] von Ruth Möller (rmö). Allerdings wird hier von „Jürgen Crüwell" gesprochen, der als Holzbildhauer tätig war: „Jürgen Crüwell lebte ab 1633 in Glückstadt, erwarb ein Haus am Kirchplatz und verstarb gegen Ende des Schwedenkrieges 1645. Offenbar hinterließ er Nachkommen oder nahe Verwandte. Eine Familie Crüwell wohnte Am Jungfernstieg 3/3a und zeigte das mit einer barocken Inschrifttafel an, die in heute eigenartiger Ausdrucksweise vom Lebensgefühl der vom Krieg geprägten Menschen erzählte: „Bis hierhin hat uns der Herr geholfen / Alle uns kennen gebe Got was sie uns gunen / Johann Crüwell Kattrna Crüwell 1678."

Da ich im Sommer 2020 im Kirchenkreisarchiv in Wrist keine Sterberegistereinträge und keine Eheschließung finden konnte, wollte ich den Namen zunächst wieder streichen. Aber es ist auch durchaus Platz in der *Fortunae*-Reihe, mal von einer „Sackgasse" zu berichten. Denn die Register in Wrist reichen nicht so weit zurück, aber vielleicht findet sich an anderer Stelle und später einmal mehr zu Grüwell/ Crüwell/Krüwel/Kriebel.

Ich habe bislang in Wrist zu allen drei Schreibvarianten geforscht und nichts gefunden, aber ein weiterer Versuch wäre es wert. Manchmal hilft ein zweiter Blick auf alles. Vermutlich sind die Eheleute erst nach dem Jahr 1678 verstorben. Wenn, wie Möller schreibt, die Schreibungen überhaupt identisch sind. Und wie Jürgen, Georg und Johan zusammengehören könnten, müsste ich auch herausfinden. Auch in den digitalen Archiven konnte ich beim raschen Durchforsten des Taufbuchs seit dem Jahr 1636 keinen Namen sichten, der passen könnte. In den Namensregistern habe ich Nachkommen nicht gefunden, die Ersteren sind aber noch nicht vollständig aufgeführt, sodass ein sehr sorgfältiges Durchlesen vielleicht zum Erfolg führen könnte.

Christine Berg

---

2 Quelle: https://www.shz.de/8569211 ©2020.

Gesche Rohden, geb. Bartholomai, und Elsabe Granso, geb. Martens

Ein Grabstein, der trotz vieler Hinweise und Rechercheergebnisse Fragen aufwirft, ist der Doppel-Grabstein bzw. die Grabstele der Familien Rohde und Granso. Er steht auf dem Norder-Friedhof in Glückstadt unweit der Friedhofskapelle. Erst beim Auswerten und Zuordnen der Fotos erkannte ich, dass ich nochmals auf den Friedhof musste. Völlig irritiert stellte ich nämlich zunächst fest, dass mir zu einer Vorderseite der rückwärtige Teil fehlte. Und bei einem anderen Foto war es genau umgekehrt. Bei einem Folgebesuch stellte ich dann fest, dass auch dieser Grabstein scheinbar „wiederverwertet" wurde.

In dem Buch *Kunst-Topographie Schleswig-Holstein* (bearbeitet im Landesamt für Denkmalpflege Schleswig-Holstein und im Amt für Denkmalpflege der Hansestadt Lübeck, Neumünster: Karl Wachholtz Verlag, 1969) findet sich folgender Eintrag: „Rhode 1732. Stele (200 x 65) mit geschwungenem Abschluss, Vorderseite Wappen, Oberteil Rückseite Reliefszene: Von einem Himmelbett, darin ein Mensch (der Sterbende), schwebt eine Gestalt (die Seele) mit erhobenen Armen in einem Strahlenbündel zu Christus, der in Wolken erscheint, empor. Darüber Sinnspruch. Der Stein später erneut verwendet."

Dieser Grabstein hat auf der Vorderseite im oberen, durch eine Wulst abgeteilten Bereich ein größeres Wappen, das einen stilisierten Baum innehat. Auf der Rückseite ist eine Grabplatte nachträglich in die Stele eingearbeitet. Im oberen Bereich ist eine biblische Szene herausgraviert, die unten ausführlich beschrieben wird. An den Seiten bilden wunderschöne Blumenornamente einen Abschluss, diese bestehen aus verschiedenen Blütensorten und ranken sich jeweils an einen Stab.

Auf der Vorderseite ist oben zu lesen:

IN Rohde
Reno Anno
Virt 1798

Das dazwischen liegende Wappen, das den stilisierten Baum im Bauch und einen zweiten etwas kleineren über dem angedeuteten Helm hat, ist umgeben von Palmwedeln und Blattranken. Darüber erscheint der „Kopf" mit einem „Lächeln" und einer Halskette mit Anhänger. Ob das Wort „renovirt" tatsächlich bedeutet, dass die Grabstele im Jahr 1798 renoviert oder überarbeitet worden ist, muss ich noch herausfinden. Darunter stehen Verse aus der Bibel, die auch auf der Grabstele von Hans Klöcker und Catrine Klöckers zu finden sind[1]:

60
Ich Weis
Das Mein Erlöser
Lebet Und Er Wierd
Mich Hernach Aus Der
Erden AufErWecken Und
Werde Darnach Mit Dieser
Meiner Haut Umb Geben
Werden Und Werde In
Meinen Fleische Gott
Sehen DenSelben Werde
Ich Mir Sehen Und Meine
Augen Werden Ihn Schauen
Und Kein Frembder.
Hiob 19 V. 25
Bartholomæus Rohde.
Und
Gesche Rohden
Uor sich und ihren Erben
1732

1 Siehe Band 2 der *Fortunae*, S. 36-38.

Viele Fragen konnten noch nicht beantwortet werden: Was bedeutet das Wappen? Warum ist diese Art Baum abgebildet worden? Warum und an wen wurde das Wappen verliehen? Ist auch auf dem Helm derselbe Baum zu finden? Könnte es eine Linde sein, der Wuchsform und Krone nach? Bezieht sich die Ornamentik bereits Bartholomæus Rohde oder auf den „Renovierer“ Johann N. Rohde?

Und vor allem, welche Beziehungen bestanden zwischen Granso und Rohde? Waren sie über Generationen verwandt? Dies konnte ich, wie bei anderen Grabstelen, bisher noch nicht herausfinden oder nachweisen. Soweit ich recherchieren konnte, lebten Gransos um 1800 herum oder die Jahre danach nicht in Glückstadt.

Ein und dieselbe Grabstele: links die Seite der Familie Rohde mit Wappen im oberen Teil, rechts die Seite der Eheleute Granso mit Sterbebett- und Himmelsymbolik.
(Fotos (2): Christine Berg)

Auf der Rückseite ist oben in einem Kordelband zu lesen:

Nun hab ich
überwunden
nach vielen Jamer Stunden
den sichern Pfort
gefunden

Rechts darunter ist eine durchaus luxuriöse Bettstatt mit Vorhängen und Baldachin und einer schlafenden Person zu sehen, links daneben schwebt ein nackter Mensch in Richtung nach links oben bzw. wird hingezogen zu Gott, Christus oder einem Engel, der in Wolkenornamenten steckt. Auch hier verläuft eine Wulst und darunter ist ein Sarg oder Sakrophag herausgearbeitet, der mit einem großen Tuch völlig überhängt ist und auf dessen Deckel zwei Leuchter stehen, aus dessen oberen Enden Rauchwolken abziehen. Der Sarg ruht auf einem Tragegestell, sozusagen bereit für Sargträger. Darüber steht in einem achteckigen Schild „Consummatum est“: „Es ist vollbracht“ oder „Alles ist dahin“.[2]

Darunter ist der Marmorgrabstein der Eheleute Granso eingelassen; zu lesen ist:

Hier ruhen
J. J. Granso
Gymnasiallehrer
Geb. d. 31. Juli 1809
Gest. d. 21. Avril 1870
E. Granso
Geb. Martens
Geb. d. 18. Juli 1822
Gest. d. 27. Dezember 1910
Ich weiß
daß mein Erlöser lebt

Am 23. / 26. April 1870 verstarb der Gymnasiallehrer Johann Jürgen Granso am Schlag in Hamburg. Im Sterberegister der Stadtgemeinde Glückstadt ist zu finden: „[…] Zum ersten Male zum ersten [???] verheirathet mit weil. Christine geb. Geertz, aus welcher Ehe eine Tochter Christine Louise Margaretha; zum 2ten Male verheirathet mit der ihn überlebenden Ehefrau Catharina Elsabe, geb. Martens. Aus dieser Ehe keine Kinder. Alter 61 Jahr 10 Monate.“

---

2 In der Vulgata, Joh 19, 30, die letzten Worte Jesu am Kreuz.

Der Eintrag im Beerdigungsregister von 1910 von Elsabe Granso gibt leider keine weiteren Aufschlüsse her. Die Einträge dieser Zeit sind schon kurz gehalten.

Ein und dieselbe Grabstele: links die Seite der Familie Rohde, rechts die Seite der Eheleute Granso.
(Fotos (2): Christine Berg)

Bartholomæus Rohde und Gesche Rohden haben am 10. Oktober 1720 geheiratet. Der Copulationsregistereintrag der Stadtgemeinde von 1720 lautet wie folgt: „Bartholomæus Rohde, Jungergesell, u. J. Gesche Bartholomann, des Joh. Conrad Bartholomann [Bartholomaj ?] gewesenen [?] Bürgers und Gewürzhändlers [?] Tochter. pclam: den 29 Sept. u. 6. Oct: copul: den 10.Oct."

Gesche Bartholomann, auch Bartholomaj oder Bartholomei, wurde im August 1693 geboren. Eine namensgleiche Schwester, die vermutlich als Kind starb, wurde im Jahr 1690 geboren. Die Eltern Johann Conrad Bartholomei und die Witwe Gesche Langen (Peter Langen war der erste Ehemann) hatten im Jahr 1686 die Ehe geschlossen und es sind zahlreiche Kinder in die Taufregister eingetragen, das erste im Jahr 1687, das letzte im Jahr 1702.

Das IN Rohde im Grabstein bedeutet Johann(es) Nicolaus Rohde. Er war im Jahr 1803[3] 53 Jahre alt (geb. 1750), ledig, Doktor der Medizin und lebte in der Reichenstraße 56/Ecke Namenlose Straße lebte, früher Große Reichenstraße 127.

Ein zweiter Haushalt lebte dort, und zwar der des Ehepaars Christian Hesse (37, geb. 1766 und Schneidermeister) und Margarethe Mahn (43, geb. 1760). Rohde hatte das Tagebuch der Kriegsjahre 1813/1814 verfasst: *Tagebuch über die Belagerung Glückstadts von Mitte Dezember 1813 sowie über die Folgezeit bis zum Ende des Jahres 1815* (Glückstadt, Verlag J.J. Augustin), das von Ernst-Adolf Meinert abgeschrieben und publiziert wurde.

Auf den ersten Seiten beschreibt Meinert die Vita von Rohde und wie die Blätter als Familienbesitz und -schatz überliefert wurden. Auch dass das Haus nach seinem Tod im Januar 1824 an seine Schwester überging. Diese ist in der Volkszählung natürlich auch dokumentiert und der Haushalt sei an dieser Stelle kurz aufgeführt.

---

3 Siehe dazu unter www.danishfamilysearch.com/cid1913138.

Der Hausvater, Eisenhändler und Buchbinder, sowie auch deputierter Bürger, Johann Nicolaus Friedrich Herfurth[4] (51, geb. 1752) war mit der 49-jährigen Johanne Sophie Rohde (geb. 1754) verheiratet. Der Haushalt lebte um „die Ecke“, nämlich unter der Adresse Große Reichenstraße 126 (heute: Reichenstraße 1). Zwei Kinder wurden registriert: Maria Christine Margarethe Herfurth (11, geb. 1792) und Johann Christian Herfurth (9, geb. 1794).

Es lebten auch zwei ledige Dienstmädchen mit im Haushalt: Anna Schmidt (34, geb. 1769) und Anna Witt (21, geb. 1782), sowie als logierender Mieter der ledige, 49-jährige Johann Christian Mohr (geb. 1754) der „von seinen Mitteln lebte“.

Die Nachkommen Herfurths bzw. der Haushalt lassen sich auch gut in der Online-Datenbank für das Jahr 1835 recherchieren.

Christine Berg

---

4 Siehe zu Herfurth unter www.danishfamilysearch.com/cid1913132.

Das zweite Jahrhundert von 1717 bis 1817
Ereignisse in Glückstadt

Die Regierungskanzlei bezieht im Jahr 1752 das Wasmer Palais in der Königstraße 36. Gleichzeitig wird hier ein königliches Logis eingerichtet, in dem Mitglieder der königlichen Familie bei Aufenthalten in Glückstadt wohnen. Nachdem das Schloss im Jahr 1705 unbenutzbar geworden ist, nimmt der Kanzler von Liliencron die Regierungskanzlei zunächst in seinem Hause Am Hafen 15/16 auf. Nach seinem Tode bezieht sie das Palais Quasi non possidentes (Lateinisch „als ob wir nicht die Besitzenden wären"), Am Hafen 45, zur Miete.

Nach einem Angriff der Engländer auf Kopenhagen wird im Jahr 1801 eine Kanonenboot-Flottille nach Glückstadt verlegt.

Im Jahr 1803 leben gut 5.200 Menschen in Glückstadt.

Gute zehn Jahr später, 1813, wird die Festung Glückstadt belagert und durch Schweden, Russen, Preußen, Hannoveraner und Engländer beschossen. Die Engländer setzen Raketen ein, sog. Congraveschen Stockraketen, die von den Glückstädtern „Steertpoggen" – Kaulquappen genannt werden.

Die „Allgemeine Schulordnung für die Herzogtümer Schleswig und Holstein" wird im Jahr 1814 eingeführt und die Stadtschule nach Gelehrtenschule und Bürgerschule getrennt.

Das zweite Jahrhundert von 1717 bis 1817
Inhaltsverzeichnis

Anna Dorothea von Bremen, geb. Hansen

In Glückstadt wurde jahrzehntelang von der Kirchengemeinde ausgehend für Bedürftige gesammelt. Dies waren Sammlungen, Kollekten und die sog. „Liebestätigkeit". In der *Chronik der Kirchengemeinde Glückstadt* findet sich folgender Hinweis: „Für Einheimische und Fremde, für einzelne Bedürftige und für auswärtige Gemeinden wurde ohne Unterlaß gesammelt. [...] 1810 wird der Witwe des Zinngießers Johann Dietrich von Bremen eine Hauskollekte bewilligt für den Wiederaufbau einer umgestürzten Wand ihres Hauses."[1]

Da in der Chronik nicht unbedingt Namen der Bedürftigen genannt werden, diese werden sich wohl in weiteren Dokumenten und Archiven finden, wurde mein Interesse dadurch geweckt, dass es hier Hinweise zum verstorbenen Zinngießer gab. Den Namen der Witwe sollte ich doch leicht herausbekommen können! Und in der Tat wurde der Haushalt für die Volkszählung des Jahres 1803 dokumentiert.

Der Hausvater und Zinngießer Johann Diedrich von Bremen[2] (64, geb. 1739) war mit der 17 Jahre jüngeren Anna Dorothea Hansen (47, geb. 1756) in erster Ehe verheiratet. Der Haushalt lebte in dem Jahr in der Großen Deichstraße 6 (heute: Große Deichstraße 13), dort wurden noch zwei weitere Haushalte registriert. Die drei ledigen Kinder, die auch im Sterberegister zu finden sind, waren Johann Diedrich von Bremen (24, geb. 1779), Zinngießergesell von Beruf, Catharina von Bremen (18, geb. 1785) und das Kleinkind Margarethe von Bremen (3, geb. 1800).

---

1 *Chronik der Kirchengemeinde Glückstadt*. Nachlaßwerk des früheren Propsten Jakobsen in Glückstadt, abgeschrieben und zum Teil ergänzt von Emil Holst Pastor i e R in Voßloch (1906-1924 Pastor am Strafgefängnis in Glückstadt), S. 257 alt bzw. S. 322 neu.

2 Siehe dazu unter www.danishfamilysearch.com/cid2007489.

Sehr bald nach der Volkszählung ist von Bremen gestorben, denn im Todten/Sterberegister ist sein Eintrag schon für den 14. Februar zu finden: „Johann Dieterich von Bremen, Bürger und Zinngießer hieselbst. Er hinterläßt eine Witwe und drey Kinder 1.) Johann Dieterich 2.) Maria Catharina Elsabe 3.) Anna Margareta Catharina; sämmtlich unverheyrathet. Alt: 64 Jahr." Die Witwe ist nicht namentlich aufgeführt, was ungewöhnlich ist.

Leider gibt es im digitalen Kirchenkreisarchiv für den Kirchenkreis Rantzau-Münsterdorf noch kein Namensverzeichnis für das Jahr 1778 bzw. das Copulationsregister 1670-1779 Glückstadts, aber nach Rückschlüssen müssen von Bremen und Hansen um diese Zeit geheiratet haben. Und der Eintrag war dann schnell gefunden, da es ab 1779 rückwärts geblättert nicht so viele Seiten gibt.

Die Hochzeit („Dies Copulationis") war am 5. Mai: „Johann Dieterich von Bremen, Junggeselle und Zinngießer ehel. Sohn Jacob u. Marg. Adelheit geb. Gieren beide allhier [...] mit Jungfer Anna Dorothea Hansen ehel. Tochter Jeppe Hanssen und Frau Anna Maria geb. Grossen beide zu Wilster [...]". Einige Stellen sind hier wirklich schwer leserlich.

Was mag so ein Wiederaufbau einer umgestürzten Wand, sei es innen im oder außen am Haus, in der Zeit gekostet haben? Wie viel Geld konnte Anna Dorothea von Bremen tatsächlich zur Verfügung gestellt werden? Dies geht aus der Chronik nicht hervor, vielleicht finden sich andere Kirchenbücher dazu.

Schließlich wollte ich noch herausfinden, wann sie gestorben war, und fand im Todten/Sterberegister für das Jahr 1822 folgenden Eintrag: „13. / 17. Januar die Wittwe Dorothea von Bremen, geb. Hansen im Armenhause hieselbst, wo ihr eine Wohnung eingeräumt war. Sie hinterläßt 2 Kinder 1, Anna Margareta Catharina. 2, Maria Catharina Elsabe. Alt: 66 Jahr."

Da der Sohn als „Kannegießer" bereits am 27. Juli 1818 starb, im Alter von 38 Jahren und ledig, wie der Eintrag im Todtenregister vermuten lässt, ist erklärlich, warum seine Mutter nicht mehr von ihm unterstützt werden konnte und ins Armenhaus ziehen musste.

Für das Jahr 1835 konnte ich noch „Catharina v. Brehmen"[3] (51, geb. 1784) ausfindig machen, die ledig blieb und „fortwährend Unterstützung" erhielt sowie in der Kleinen Kremperstr. Nr. 37, 1. Stockwerk, 2. Familie (heute: Kleine Kremperstr. 1) bei der Witwe und Arbeitsfrau Margaretha Wendt, geb. Bolt, lebte.

Die jüngste Tochter „Margaretha Schönmenau, geb. v. Bremen"[4] (36, geb. 1799) war im Jahr 1835 in zweiter Ehe mit dem „Unteroffizier im Act. Dinst" Friederich Schlipner (44, geb. 1791) verheiratet und brachte Friederich Schönmenau (6, geb. 1829) mit in diese Ehe. Ihr Sohn war somit der Stiefsohn von Friederich Schlipner. Der kleine Haushalt lebte unter der Adresse Reichenstraße Nr. 132, 1. Stockwerk, 4. Familie (heute: Reichenstr. 37 + 38).

Christine Berg

---

3 Siehe unter www.danishfamilysearch.com/cid3486853.

4 Siehe dazu www.danishfamilysearch.com/cid3476684.

Louise Sophie Rötger, verh. (von) Christensen

Immer mal wieder stöbere ich auf einschlägigen Auktionsportalen im Internet und bin über den Jahreswechsel 2019/2020 mehrmals über eine Auktion gestolpert, die ein Tintenfass-Set anbot. Es handelt sich um zwei Tintenfässchen je mit Halterung auf einem ovalen Tablett, alles versilbert und wohl um 1830 (oder 2. Hälfte 19. Jahrhundert) hergestellt oder erworben. Angeblich stammt es aus dem Nachlass des Generals und Oberbürgermeisters Claus Hinrich Christensen (1768-1841) aus Glückstadt. Die Unterseite ist reich beschriftet mit der Historie der früheren Besitzerin.

Da es angeblich der Ehefrau Christensen gehörte, stellte ich mir im Vorwege die Frage, ob die Gravuren im Boden „echt" im Sinne von zeitgenössisch sein könnten. Und wenn nicht – was vom Schreibstil her sehr wahrscheinlich ist –, von wem sie eingraviert wurden und warum bzw. wann. Als ein Relikt, das sich zuordnen lässt, habe ich das Set dann ohne Umschweife erworben, da sich die Familie bzw. der Familien-Clan gut nachweisen lässt.

Meine Nachfrage zur Herkunft des Tintenfässchen-Ensembles konnte leider im Januar 2020 nicht geklärt werden: „Guten Tag Frau Berg, das Set stammt von einem Trödler, der regelmäßig in unsere Vorortauktionen einliefert. Außer den schon in der Beschreibung erwähnten Details ist uns leider nichts weiter bekannt. Mit freundlichen Grüßen"

Das Tablett hat eine Höhe von ca. 4 cm und einen Durchmesser ca. 19 cm (lang) und 12 cm (kurz) und steht auf vier kleinen (Löwentatzen-) Füßchen, die etwas Abrieb aufweisen. Die Gefäße haben eine Höhe von ca. 4 cm und sind aus tiefblauem Glas gefertigt. Beide Glasbehältnisse sind unterschiedlich geschliffen und weisen innen getrocknete Tinte auf. Die Halterungen sind auf dem Tablett fest fixiert.

Die Oberseite des Tabletts mit Fässchen und Deckelvariationen. (Foto: Christine Berg)

Die Unterseite des Tabletts mit Gravuren und vier Löwentätzchen. (Foto: Christine Berg)

Genau genommen ist ein Fässchen dasjenige für Tinte und hat einen herausnehmbaren Deckel, das andere hat eine abnehmbare Deckelmulde mit siebartigen, floralen und sternförmigen Lochmustern, die wohl dazu diente, den Pinsel abzustreifen.

Auf der Unterseite ist Folgendes eingraviert/eingefräst worden:

„Dieses Tintefässchen gehörte Frau General von Christensen Tochter des Justizrats Rötger und Frau geb. Koch in Glückstadt. Holstein. Sie wurde vermählt im Jahre 1800 in Glückstadt, hatte 2 Söhne, I. Wasserbaudirektor u II. Major und Schl Holstein=Augustenburg Oberbaudirektor v. C., und eine Tochter Fanny, unglücklich an Kammer= Herrn von Hoegh verheiratet. General v. Chr. war der letzte Festungs= kommandant. in Glückstadt."

Im Jahr 1803 war Claus [Nicolaus] Hinrich Christensen[1] Deichinspektor, 36 Jahre alt (geb. 1767) und der Hausvater unter Adresse Am Deich 100 (heute: Am Hafen 47/48]. Seine Ehefrau war die 30-jährige Louise Sophie Rötger (geb. 1773). Mit dem kleinen Sohn Johann Ernst Friedrich Christensen (2, geb. 1801) und dem ledigen Dienstmädchen Margarethe Elisabeth Metta Wittig (26, geb. 1777) wohnte der Haushalt zu viert in exquisiter Nachbarschaft.

Weitere Angaben zu den Söhnen finden sich z. B. bei wikipedia: „Ernst Johann Friedrich von Christensen (* 23. März 1801 in Glückstadt; † 20. November 1872 in Itzehoe) war ein deutscher Deichinspektor und Oberbaudirektor. Ernst Johann Friedrich von Christensen war ein Sohn des promovierten Oberdeichinspektors und Generalmajors Nikolaus Heinrich von Christensen (1768–1841), der 1800 Louise Sophie Christensen, geborene Rötger (1773–1852), geheiratet hatte. Er hatte einen Bruder namens Karl Adolf Heinrich (1803–

1 Siehe dazu unter www.danishfamilysearch.com/cid2010209.

1855)."[2] Sehr erstaunt habe ich somit also nicht gelesen, dass es eine Tochter gab.

Im Copulationsregister von Schloss und Garnison findet sich für das Jahr 1800 folgender Eintrag: „den 24sten Aprill im Hause Herr Deichinspector Clauss Hinrich Christenssen des und Dem.[oiselle] Louise Sophie Rötger des hies Gl. Justizraths Rötger u. s. Gattin [???] geb. Koch ehel. Tochter
Die Königl. Concession" war unterzeichnet „Copenhagen den 19 Aprill 1800"

Und im Taufregister von Schloss und Garnison findet sich für das Jahr 1803 folgender aufschlussreicher Eintrag: „28. Sept. / 16. Oct. Herrn Deichinspector Ingenieur Capitain Clauss Hinrich Christenssen und seiner Gattin Louise Sophie geborn Röttger
Zwillingskinder
der älteste
Carl Adolf Heinrich
[Gevattern ...]
die jüngste
Elisabeth Franziska Dorothea
Gevattern
1) Die Frau Justizräthin Anna Elisabeth Röttger
der Kinder Großmutter
[...]"
Das heißt, die Zwillingstochter muss die „Fanny" sein, die später „unglücklich" verheiratet wurde. Und die Zwillinge wurden somit weit nach der Volkszählung 1803 geboren.

Ebenfalls im Jahr 1803 wohnte auch die Mutter von Louise Sophie, nämlich die Witwe, Hausmutter und Justizrätin Anna Elisabeth Röt-

---

2 Siehe zu den Söhnen unter de.wikipedia.org/wiki/Ernst_Johann_Friedrich_von_Christensen.

ger[3] [geb. Koch], dann 60 Jahre alt (geb. 1743), in Glückstadt. Gemeinsam mit ihren damals noch ledigen Töchtern und Louise Sophies Schwestern Benedicte Louise Friederike (20, geb. 1783) und Friederike Francisca Magdalene (18, geb. 1785) wohnte sie unter der Adresse Königsstraße 132 (heute: Königstraße 40). Der verheiratete Bediente Johann Friedrich Neumann (40, geb. 1763), der sicherlich dem verstorbenen Justizrat Rötger zu Diensten war, gehörte ebenso zum Haushalt wie die unverheirateten Dienstmädchen Anna Margarethe Gesa Brandt (23, geb. 1780) und Friederike Maria Bode (15, geb. 1788).

Unter folgendem Link gibt es noch viele Informationen zu den Familien Rötger und Seitenlinien sowie Nachkommen: http://genealogie-selmayr.de/index.php?id=352. Diese ganzen Angaben habe ich im Kirchenkreisarchiv in Wrist nicht nachgeforscht und somit nicht verifizieren können und wollen. Als Ergänzungen sollen diese hier so stehen bleiben und vielleicht an anderer Stelle detaillierter vorgestellt werden.

„Johann Friedrich Roetger [4] ;* 5.10.1742 Glückstadt ,+ 26.10.1798 Glückstadt, Justizrath und Advokat am Obergericht in Glückstadt/Schleswig-Holstein oo 12.7.1767 Schnefeldt mit Anna Elisabeth Koch,* 19.11.1743 Ottensen, + 24.3.1825 Glückstadt"

Zitat aus der „Rötger-Stammtafel" „(mitgeteilt durch Frau Ligia Cavallari, Rua Maria Monteiro 1710 ap.43, 13025 152 Campinas, São Paulo, Brasilien - e-mail: ligialoewe@gmail.com): Johann Friedrich Rötger studiert in Jena. Später war er Justizrat und Obergerichtsadvokat in Glückstadt. Das Ehepaar Rötger spielte in Glückstadt eine angesehene Rolle. Bei einer Jubelfeier in Glückstadt November 1932 wurde an das Paar erinnert (Man brachte bei einer Aufführung eine als Justizrätin verkleidete Person in einer Portechaise auf die Bühne)."

---

3 Siehe dazu unter www.danishfamilysearch.com/cid2003957.

4 Siehe dazu unter http://genealogie-selmayr.de/index.php?id=352.

„Kinder des Johann Friedrich Rötger und der Anna Elisabeth Koch waren:

- Charlotte Christina Rötger, *1768; oo 1787 Johann Friedrich Jensen, Regierungs-, Ober-und Landgerichts-Advokat, 4 Kinder
- Andreas Nicolaus Rötger, *24.3.1770 Glückstadt, + 9.10.1832 Bützow; oo 26.10.1804 mit Helene Karoline Elisabeth Ackermann; er studierte Rechtswissenschaften in Göttingen, wurde 1804 Stadtrichter und Bürgermeister in Lübz und 1817 Direktor des Kriminalgerichts.
- Charlotte Marie Elisabeth Rötger, 1771-1773
- Luise Sophie Rötger, * 1773[5] Glückstadt, + 1852 Rendsburg; oo 24.4.1800 Glückstadt mit Nikolaus Heinrich von Christensen, Königl. Dänischer Generalmajor, Kommandeur des Danebrogs
- Friedrich Joachim Roetger, *16.5.1775 Glückstadt (= 34)
- Detlev Heinrich Rötger, *19.9.1776 Glückstadt, + 21.1.1863 Itzehoe: juristisches Examen 1797, bis 1800 Advokat in Tönning/Schleswig-Holstein, dann Regierungs- und Landgerichtsadvokat in Glückstadt, oo 1802 mit Magdalene Dorothea Sophie von Münnich,* um 1770, Vater General von Münnich (siehe S.22 der Schrift „Johann Andreas Lesser, Tönnings Bürgermeister von 1800 – 1807“ von Gerd Göke und Andreas Lesser, Bd. 4 der Schriftenreihe der Friedrich-Christian-Lesser-Stiftung, Nordhausen 1996)
- Benedicte Louise Friederike Rötger,*um 1783[6] Glückstadt, + 1828 Augustenburg; oo mit Heinrich Friedrich Germar, Schlossprediger in Augustenburg

---

5 Laut Taufregister der Schloss- und Garnisonsgemeinde aus dem Jahr 1773 ist Louise Sophie Röttger am 5. / 8. August geboren worden. Die Gevatterinnen waren die Frau General Majorin Maria Louise von Eyndt, die Fraulein Konventualin Sophie Ernestine von Ahlefeldt und die Fraulein Charlotte Louise von Horn.

6 Laut Taufregister der Schloss- und Garnisonsgemeinde aus dem Jahr 1783 ist Benedicta Louise Friederike Elisabeth Röttger am 3. / 7. December geboren worden. Die Gevatterinnen waren Adelheit Benedicte von Eyben,

- Friederike Francisca Magdalene Rötger, 10.8.1785 Glückstadt, + 31.12. 1853 Rendsburg; oo 22-6-1810 in der „Augustenborgslotkirke" mit Heinrich Lorenz von Gullann, Zeughausleutnant in Glückstadt, später Oberkriegskomissar in Rendsburg."

Der Bruder von Louise Sophie, nämlich Detlef Heinrich Rötger[7] (27, geb. 1776) war Regierungsadvokat und mit der sieben Jahre älteren Magdalene Dorothea Sophie von Münnich (34, geb. 1769) verheiratet. Das unverheiratete Dienstmädchen Susanne Christine Wilhelmine Hovelsen (26, geb. 1777) wurde ebenfalls registriert. Der kleine Haushalt lebte im Jahr 1803 unter der Adresse Am Deich 83a (heute: Am Hafen 30). Im Keller der Adresse wohnte der Haushalt des Schiffers Johann Ernst.

Im Jahr 1835 waren die Familien Rötger, Christensen und Münnich nicht mehr verzeichnet.

Bei der Volkszählung des Jahres 1835 war Christian Friedrich von Hoegh[8] bereits Witwer. Der 50-Jährige (geb. 1785) war „Kammerherr und Major Battallion Chef und Ritter im Activen Dinst". Im Haushalt, der unter der Adresse Rethhögel Nr. 58A, 2. Stockwerk (heute Am Rethövel bzw. Steinbeis-Gelände), angesiedelt war, lebten ebenfalls der ledige Bediente Heinrich Springer (25, geb. 1810), die ledige und 22-jährige Hausjungfer Auguste Stannis (geb. 1813) sowie das 19-jährige, ledige Dienstmädchen Johanna Grodewoldt (geb. 1816).

Recherchen im Kirchenkreisarchiv in Wrist ergaben dann, dass von Hoegh am 25. Dezember 1836 in zweiter Ehe Anna Dorothea Emilie Knoop geheiratet hat. Im Copulations/Heiratsregister von Schloss und Garnison ist zu diesem Eintrag zu lesen, dass er früher mit Fanny von

---

geborne von Qualen, Anna Louise Gräfin zu Ranzau-Ahrensburg und Christine Friederike von Bülow, allesamt adlige „Landräthinnen" oder Kammerherrinnen.

7 Siehe dazu unter www.danishfamilysearch.com/cid2010056.

8 Siehe dazu unter www.danishfamilysearch.com/cid3492258.

Christensen verheiratet war und scheinbar eine Tochter namens Francisca Louise Henriette (?) Elisabeth Hoegh, (?) 12 Jahr alt. Der Eintrag ist relativ lang und geht über zwei Seiten. Viele Stellen sind für mich nicht gut zu lesen.

Ich konnte für Glückstadt die Heirat und den Sterbeeintrag von Fanny sowie die Geburt der Tochter nicht finden. Im Eintrag könnte der Hinweis 30. Oktober 1834 als Sterbedatum für Fanny oder deren Tochter sein. Meinen Recherchen nach lebte die Familie auch in Kiel und Rendsburg.

Unter www.museen-sh.de/Objekt/DE-MUS-076111/lido/P4-C-9 gibt es ein Bildnis von Claus Hinrich von Christensen, geb. 2.1.1768 in Kronshagen bei Kiel, gest. 8.3.1841 in Rendsburg. Königlich dänischer Generalmajor, Dr. phil h.c., Commandeur vom Dannebrogsorden, Oberdeichinspektor, Mitglied der Schleswig-Holsteinischen Canal-Aufsichts-Commission. Weitere Hinweise finden sich bei Wikipedia unter de.wikipedia.org/wiki/Nicolaus_Heinrich_von_Christensen

Christine Berg

Lehrerinnen in Glückstadt

Schon vor dem Erscheinen des ersten *Fortunae*-Bandes trug ich mich mit dem Gedanken, etwas zu frühen Lehrerinnen zu recherchieren und zu verfassen. Einige der Lehrerinnen, die mit unterschiedlichen Fächern in Glückstadt tätig und aktiv waren, haben ja im Glückstädter Stadtteil „Tegelgrund" zur Ehrung Straßennamen erhalten, nur Wanda Oesau allein im Stadtteil „Butendiek". Alle diese Lehrerinnen – und auch die anderen Geehrten – sind in Band 1 aufgenommen worden, es gab einige Nachträge und Ergänzungen in den Folgebänden, neue Namen tauchten auf und manche Lehrerinnen waren keine Lehrkräfte im heutige Sinne.

Auch wollte ich die Entwicklung der Schulen darstellen, wie sie aus dem Band Glückstadt im Wandel der Zeiten zu finden sind. Aber warum bei Null anfangen, wenn es Schulchroniken gibt? Und wenn z.B. vor allem Elke Witt aus Glückstadt viel dazu recherchiert und forscht und zusammenträgt, Vorträge erarbeitet, diese präsentiert und u.a. in den Jahresbänden der Detlefsen-Gesellschaft veröffentlicht.[1]

In dem *Steinburger Jahrbuch* des Jahres 2019 bin ich bereits auf drei Seiten zu frühen Lehrerinnen eingegangen,[2] aber nun haben sich noch mehr Damen dazugesellt und manche Ungewöhnlichkeit ist ans Tageslicht gekommen.

---

1 Ganz aktuell der Jahresband Nr. 21/2021: *Vorträge der Detlefsen-Gesellschaft*, Elke Witt: Die Höhere Töchterschule in Glückstadt, S. 47-94. Dort sind auch viele Archiv-Fotos und Ansichtskarten zu finden.

2 Siehe meinen Beitrag im *Steinburger Jahrbuch* 2019 dazu, „Mehr als nur Dienstmädchen: Frühe Berufe von Glückstädter Frauen", S. 13-46, speziell die Seiten 36-38.

An dieser Stelle will ich einige Namen zusammenstellen und auf die ausführlichen Textstellen verweisen. Bei der Digitalisierung Chronik der Kirchengemeinde Glückstadt, an der ich intensiv mitgewirkt habe, sind mir bekannte Lehrerinnen untergekommen, aber ich konnte auch neue Namen entdecken, die an dieser Stelle kurz aufgeführt werden. In der *Chronik der Kirchengemeinde Glückstadt*[3] findet sich (NEU: Seiten 456-460 von Holst) auf einigen Seiten ein Zusammenfassung zu den Privatschulen, in denen vor allem Lehrerinnen tätig waren.

„[Seite] 362 Die Privatschulen.
Neben den öffentlichen Schulen blühte auch im 19. Jahrhundert, namentlich am Anfang, das Privatschulwesen."° „Die offiziellen Regulative weisen sogar selbst auf den Privatunterricht der Lehrer hin und wünschen denselben. Das öffentliche Unterrichtswesen hatte noch seine Lücken, besonders auch hinsichtlich der Mädchenbildung. (s S 212 beziehungsweise) -- Am 9.4.1800 kündigte Kollaborator J C Bremer in der „Fortuna" einen Privatunterricht (täglich 2 Stunden) mehrerer Kinder, vorzüglich Töchter hiesiger Bürger und Einwohner in Religion, ehrt Beschreibung, Naturgeschichte und anderen allgemeinen notwendigen Kenntnissen an. Am 4.11.1801 kündigten „die Lehrer der hiesigen lateinischen Schule" einen Privatunterricht für Mädchen von solchen Eltern an, „die in unseren Willen und unsere Fähigkeiten kein Mißtrauen setzen." Dabei wollen sie nicht im geringsten das Verdienst verkennen, welche sich die Herren Prediger hier um die Jugend weiblichen Geschlechtes durch den Unterricht erworben haben, aber die „Geschäfte des Predigers sind von denjenigen des Schullehrers durch bestimmte Grenzen geschieden." In einem kurzen Polemik antwortete darauf der Pastor Schröder (s Nummer 88-90 der Fortuna von 1801). Ebenso hielt der Kantor Lucht seit 1805 eine Privatschule für Knaben und Mädchen gemeinsam, seit 1817 für beide

---

3 *Chronik der Kirchengemeinde Glückstadt*. Nachlaßwerk des früheren Propsten Jakobsen in Glückstadt, abgeschrieben und zum Teil ergänzt von Emil Holst Pastor i e R in Voßloch (1906-1924 Pastor am Strafgefängnis in Glückstadt).

getrennt, für die Mädchen montags 3-5, mittwochs und sonnabends 2-5 Uhr „mit Rücksicht auf die Bestimmung und das Bedürfnis der weiblichen Jugend". Auch Jensen richtet einen etwas höheren Privatunterricht für Mädchen ein.

Im Jahre 1831 werden außer den Aufsichts- und Nähschulen auch erwähnt einige Privatkurse: Der Unteroffizier Jäger unterrichtet 9 Schüler von 8-12 Jahren im Zeichnen, Schreiben und Rechnen, der Juwelier Brett 3 Kinder von 5-6 Jahren den ganzen Tag und 5 Kinder in den Abendstunden im Rechnen, Schreiben und Lesen.

Auch unterrichtet eine Demoiselle Wilsenhöfer"* „und die Frau des Juden Daus"** „konfirmierte Mädchen im Schreiben. [Seite] 365 „Ein Gewächs der üppigen Neuzeit" nennt Lucht (GLS 8 S 81) „ist ein Anhang, welchen man aus Privatmitteln der ersten Klasse der Bürgerschule gegeben hat, damit Fähige neuere Sprachen, Naturwissenschaften, und anderes Nützliches zu erlernen Gelegenheit haben." Es ist die im Jahre 1852 entstandene Privat-Realklasse. Gründer der Schule waren Buchhändler Schwartz und Gastwirt D Horn, sowie eine Reihe Handwerker ... Der derzeitige Leiter ist Lehrer Mahn. Dem Vorstand gehören an: Buchdrucker Augustin, Mechaniker Kihlmann, Inspektor Sieverts, Bankier Gerdts, Rektor Hansen.

1840 gründete der Kandidat Meins (1848 Gymnasiallehrer) ein Institut für Mädchen mit mehreren Klassen, das 1848 von der verwitweten Frau Pastor Valentiner übernommen wurde. Die Schule, welche gute Erfolge hatte, war zuerst am Hafen, später im Hause Schlachterstraße 23 untergebracht.

Daneben bestand bis 1849 eine zweite Schule, geleitet von Fräulein Panum am Kirchhof, an der Stelle des jetzigen II Kompastorats zusammen mit Kandidat Reimers, und eine dritte Schule, geleitet von Fräulein Johannsen aus Lübeck, welche eine Mittelstellung zwischen Volks- und höherer Mädchenschule einnahm. Die Schule von Frau Pastor Valentiner wurde 1861 von Frau Feldmann übernommen und später mit der Schule von Fräulein Johannsen vereinigt. Diese Schule wurde 1877 aufgehoben.

Die jetzige höhere Töchterschule ist erwachsen aus einem Musikinstitut von Fräulein Lina Ramann[4], welche anfänglich vergeblich um die Konzession für ein Mädcheninstitut nachsuchte, da neben den bestehenden Anstalten von Frau Feldmann und Fräulein Johannsen für eine dritte das Bedürfnis fehle und aus der Genehmigung und Unzuträglichkeiten zu erwarten seien. Das Schulkollegium machte geltend, daß es nicht bloß polizeiliche Aufsichtsbehörde über schon bestehende Institute sei, sondern die Pflege des genannten gesamten Erziehungs- und Unterrichtswesens der schulpflichtigen Kinder aller Stände zu führen habe. Es wurde nur die Einrichtung eines Pensionats für Kostgängerinnen erlaubt. Dies Musikinstitut und Mädchenpensionat hat sich aber sehr bald eine höhere Mädchenschule angegliedert.

[Seite] 364 Den fremdsprachlichen Unterricht erteilten meistens Ausländerinnen."°° „Außer den Lehrerinnen unterrichteten Pastor Bünz und die [Lehrer] Thomsen und Nicolaysen. Die Schule entwickelte sich bald zu einer vierklassigen. Die war zuerst in der „Harmonie" in der Königstraße (später von der Korrektionsanstalt angekauft) untergebracht. Später Nach mehrfachem Wechsel fand sie im Jahre 1875 ein dauerhaftes Heim in den jetzigen Räumen Am Fleth Nummer 34 - das Haus gehört der Sparkasse. Leiterinnen der Schule waren nach Fräulein Ramann Frau Wetzer 1865-72, Fräulein Müller 1872-81. Dann übernahm Rektor Grimm die Schule, dem 1889 die jetzige Vorsteherin Fräulein Margarethe Bissen[5] folgte. Die Schule besteht noch jetzt aus 4 Klassen; doch ist die eine neuerdings in 2 Parallelklassen geteilt. Unterrichtsgegenstände sind die Fächer der Volksschule und Französisch, das mit der vierten, Englisch, das mit dem fünften Jahrgang beginnt ...

---

4 Siehe dazu *Fortunae* Band 1, Seiten 167-169.

5 Siehe dazu *Fortunae* Band 1, Seiten 84-86.

Die Schülerzahl des Instituts schwankt ziemlich: 1873: 43, 1882/83: 78, 1900: 96. Seitdem ist die Zahl mächtig gewachsen und beträgt jetzt 130.

Eine Zeit lang war mit der Schule auch ein 3-4 jähriger Vorschulunterricht für Knaben, die das Gymnasium besuchen sollten, verbunden. Derselbe ist aber wegen zu geringer Schülerzahl wieder aufgehoben.

Die Anstalt erhält keine Zuschüsse, sondern muß und kann sich selbst unterhalten mit Hilfe des Schulgelds, welches in der untersten Klasse zur Zeit 64ℳ, in der obersten nach einigen Zwischensätzen 104ℳ beträgt.

Die besondere Schwierigkeit für die Anstalt besteht in der Gewinnung der Lehrkräfte. Es findet ein häufiger Wechsel der Lehrerinnen statt, die natürlich nach einer Anstellung im öffentlichen Schuldienst trachten, um in den Genuß der Pensionsberechtigung zu kommen. Trotzdem steht die Anstalt infolge geschickter Leitung in Blüte. Namentlich aus der Umgegend kommen [Seite] 365 viele Schülerinnen, und auch bei einfachen Bürgersleuten wird es immer mehr Sitte, ihre Töchter zu Fräulein Bissen zu schicken."

° Als Beispiel für eine Privatschule, sei sie auch noch so klein, mag auch diese Annonce von 27. Januar 1810 dienen.[6]

„Nach erhaltener Genehmigung eines hochverehrlichen Schul : Collegiums wünsche ich eine Bildungs: und Sittenschule für Kinder beyderlei Geschlechts hieselbst stiften und bald eröffnen zu können. Der Zweck dieser Anstalt wird der seyn, der zartesten Jugend die erste Bildung zu geben, derselben die ersten Begriffe beyzubringen, ihr Anstand und Sitten zu lehren und auf das sorgfältigste für ihre Gesundheit zu wachen, und dieselbe von der ersten Buchstabenkenntniß bis zum fertigen Lesen zu leiten.

---

6 Siehe dazu *Fortunae* Band 3, Seiten 63-65.

Für jetzt bestimme ich die Zahl der Eleven nur auf 16, und kann nur noch 11 in diese Schule aufnehmen. Diejenigen Eltern, die ihre Kinder dieser Schule anvertrauen möchten, bitte ich, das Nähere mit mir abzusprechen.

Glückstadt, den 27ten Januar 1810
Friederike, geb. Pfeiffer,
verheyrathet gewesene Struckmann"

Im Jahr 1803 war Friederike Christine Pfeiffer[7] noch keine Witwe, denn sie war, vermutlich seit 1791 oder 1792, mit dem Gastwirt Heinrich Friedrich Struckmann (40, geb. 1763) verheiratet und die Familie lebte unter der Adresse Große Nübelstraße 16 (heute: Am Markt 12/Ecke Große Nübelstraße).

Die 34-jährige Friederike Christine Pfeiffer (geb. 1769) war in dem Jahr Mutter von fünf kleineren Kindern und ihr zur Seite standen zwei Dienstmädchen und eine Amme. Die Kinder waren die 10-jährige Hedwig Rebecca Maria (geb. 1793), die 6-jährige Louise Anna Margarethe (geb. 1797), der 4-jährige Hinrich Wilhelm (geb. 1799), der 2-jährige Jürgen Friedrich (geb. 1801) und als jüngste die 1-jährige Sophie Charlotte (geb. 1802).

Als ledige Dienstmädchen standen die 21-jährige Anna Margarethe Unglaube (geb. 1782) und die 34-jährige Sophie Asmus (geb. 1769) zur Verfügung. Die 27-jährige Amme Margarethe Catharina Springer (geb. 1776) war ledig, aber muss nach Schwangerschaft und eigenen Kindern in der Lage gewesen sein, weiterhin stillen zu können. Weitere Lebensumstände sind mir bislang nicht bekannt.

Zum Haushalt gehörte auch der ledige und 21-jährige Johann Andreas von Halen (geb. 1782), der als Beruf „Marqueur" angab. Bislang konnte ich herausfinden, dass ein „Marqueur" (auch: Markör) „beim

---

7 Siehe unter www.danishfamilysearch.com/cid1977443.

Billardspiel der zählende (markierende), oft als Partner dienende Aufwärter" war; „veraltet für Kellner"[8].

Als logierender Mietsmann wurden sowohl der ledige Premierlieutenant Friedrich von Waldmann (33, geb. 1770) als auch der 18-jährige Daniel Friedrich Kühlau (geb. 1785) dokumentiert; Letzterer war „Informiert in der Musik" – vielleicht unterrichtete er später Musik in der Privatschule.

Denkbar ist, dass Friederike Christine Pfeiffer nach dem Tod ihres Ehemannes keine Gastwirtschaft weiterführte, sondern die Räumlichkeiten für die Schule nutzen wollte. Wie erfolgreich oder auch nicht, lässt sich nur erahnen, und kann vielleicht später einmal recherchiert werden.

* Im Jahr 1835 lebte unter der Adresse Große Deichstraße Nr. 12, 2. Stockwerk, 2. Familie (heute: Große Deichstraße 33) eine ledige Näherin namens Anna Wiesenhöfer[9] (39, geb. 1796). Ob im Nachnamen das „e" mit einem „l" vertauscht sein konnte, sei dahingestellt. Aber der Nachname ist selten genug und als Näherin in einer Nähschule hätte sie ja auch Schreibunterricht erteilen können.

** Im Jahr 1835 war Abraham Daus[10] (38, geb. 1797) bereits Witwer. Als „Bekenner des mosaischen Glaubens" handelte er – wie fast alle Jüdinnen und Juden - mit Waren und lebte unter der Adresse Königsstraße Nr. 117, 2. Stockwerk (heute: Königstraße 47). Mit zum Haushalt gehörten seine Schwiegermutter Friederica Kalisch, geb. Løbeck (66, geb. 1769), dann Witwe, „Bekenner des mosaischen Glaubens", die „ fortwährend Unterstützung" erhielt, und deren ledige Tochter Reggel Kalisch (29, geb. 1806), ebenfalls Näherin und die Schwester

8 *Meyers Lexikon*, 7. Band, Leipzig 1927, 7. Auflage, S. 1735.

9 Siehe dazu www.danishfamilysearch.com/cid3493122.

10 Näheres unter www.danishfamilysearch.com/cid3488190.

der Lehrerin. Das verwitwete Dienstmädchen Gesche Hönerloff, geb. Mohr (56, geb. 1779) gehörte mit zum Haushalt.

°° Johanne Catharina Jourdan[11] gehörte im Jahr 1803 sicherlich zu einer der ältesten Einwohnerinnen, denn ihr Geburtsjahr ist mit 1724 dokumentiert worden, d.h. sie war zum Zeitpunkt der Volkszählung bereits 79 Jahre alt. Ihren Beruf hatte sie mit „Lehrmeisterin im Französischen" angegeben und als „logierend" im Haushalt von Jürgen Christian Meyn, der als Hausvater, Kaufmann und „Bürgercapitain" in der Großen Deichstraße 1a (heute: Große Deichstraße 18) vorstand. Wie lange sie in Glückstadt gelebt haben mag und ob sie Verwandte hatte sowie wo und wen sie tatsächlich unterrichtet hatte, möchte ich noch herausfinden.

Bei meinen Recherchen zu Frauenberufen „in alten Zeiten" bin ich auf den Begriff der „Klippschule" gestoßen und konnte mir so gar nichts darunter vorstellen. Das Internet hält einige Erklärungen bereit. So ist eine Klippschule eigentlich eine Winkelschule, auch Heckschule oder in Norddeutschland eben Klippschule genannt. Sie waren behördlich nicht anerkannte und privat organisierte Schulen, die seit dem späten Mittelalter in den Niederlanden und in Deutschland aufkamen. Die ersten Winkelschulen entstanden in Städten und größeren Handelszentren. Der Besuch war kostenpflichtig und konnte bar oder in Naturalien beglichen werden. Auch gaben Frauen an, jungen Mädchen Unterricht im Weißnähen zu erteilen, oder hielten eine Strickschule in ihren Händen.

Unter der Adresse Kleine Deichstraße 31 (heute: Kleine Deichstraße 6/6a) hielt die 58-jährige Hausmutter und Witwe Maria Sophie Christine Petersen[12] (geb. 1745) „eine Klippschule". Ihr Geburtsname ist mir noch nicht bekannt, aber vier Kinder und ein Enkel lebten mit in diesem Haushalt. Die beiden ledigen Töchter Margarethe Catharina Ge-

11 Siehe dazu www.danishfamilysearch.com/cid2007450.
12 Siehe unter www.danishfamilysearch.com/cid1957273.

sche (26, geb. 1777) und Anna Friederike Dorothea (17, geb. 1786) gehörten zu ihm genauso wie die geschiedene 29-jährige Tochter Elisabeth Sophie Sachse, geb. Petersen (geb. 1774), mit dem zweijährigen Enkel Johann Martin Friedrich Sachse (geb. 1801). Der Sohn Peter Wilhelm Ludwig war erst 13 Jahre alt (geb. 1790).

Die 27-jährige Witwe Catharina Metzie Lund (geb. 1776) wurde als logierend und „von ihrer Händearbeit" lebend dokumentiert, das ledige Dienstmädchen Barb. Margarethe Thorberg war 19 Jahre alt (geb. 1784) und lebte mit im Haushalt.

Wie vor über 200 Jahren das Gebäude in der heutigen Kleinen Deichstraße 6/6a aussah und wie groß es war, vermag ich nicht zu sagen, aber ich stelle mir die Frage, ob die Schülerinnen und Schüler wohl zu ihr ins Haus kamen. Das Lehrpersonal verfügte im Allgemeinen weder über fachspezifische noch pädagogische Kenntnisse. Entsprechend vermittelten Klippschulen in erster Linie sehr elementares Basiswissen durch Auswendiglernen, vor allem Grundkenntnisse in Lesen und Schreiben.

Vorherrschend und akzeptiert war (wie in den damaligen öffentlichen Schulen auch) die Anwendung der Prügelstrafe. Auch Platznot und das Nebeneinander von mehreren Altersstufen prägten das Bild. Um eine qualitativ einheitliche Grundausbildung zu gewährleisten, wurden daher ab 1800 in Deutschland die letzten Winkel(Klipp)schulen geschlossen und durch öffentliche Schulen ersetzt.

Christine Berg

Magdalena Lüdemann

Im Glückstädter Detlefsen-Museum stehen mehrere wunderschöne alte Holztruhen, die in der Regel für die Aussteuer und für wertvolle Textilien wie Leinen- und Bettwäsche oder Tischtücher gearbeitet und geschnitzt wurden. Sie dienten bis ins 19. Jahrhundert hinein als Jahrzehnte zu haltendes Möbel- und Aufbewahrungsstück. Selten benutzte Stücke wurden ganz nach unten gelegt, darauf kamen dann Utensilien, die im Alltag häufiger gebraucht wurden.

Kostbare Dinge wie Schmuck wurden auf die „hohe Kante" innerhalb der Truhe gelegt – einem Vorsprung im oberen Bereich der Seitenwände. Meistens konnten die Deckel der Truhen auch abgeschlossen werden und verfügten über ein klassisches Türschloss. In einigen Truhen befinden sich Ausstellungsstücke wie Baby-Kleidung oder Hauben für Frauen.

Auf einer Truhe, die im Museum in der Döns steht (Sommer 2020), befindet sich auf der Vorderseite im oberen Bereich ein geschnitzter bzw. eingravierter Frauenname:

MAGDALENA LÜDEMANN ANNO 1827

Nun ist dieser Name nicht sonderlich selten. Aber in den Namens- und Taufregistern aus der Zeit konnte ich für Kollmar, Neuendorf, Glückstadt, Herzhorn, Krempe und Hohenfelde den Nachnamen bislang nicht recherchieren.

Das bedeutet, dass ich weiter im Kreisgebiet forschen muss, denn Prof. Detlef Detlefsen hatte die vielen heutigen Museumsstücke vor allem aus den umliegenden Marschen, Dörfern und Ortschaften zusammengesammelt. Vielleicht werde ich die ehemalige Besitzerin der

Truhe finden. Ob es im Stadtarchiv Verzeichnisse darüber gibt, wo Detlefsen detailliert seine Objekte herhatte, muss ich noch erfragen. Von daher mögen die Fundstellen beispielhaft für diese Truhe stehen. Der Museumsleiter Christian Boldt konnte sich im Frühjahr 2021 daran erinnern, dass die Truhe in der Döns von jemandem aus der Straße Am Bolritt an das Museum gegeben wurde. Das war wohl eine sehr überstürzte Aktion, weil das Haus wenige Stunden später geräumt wurde.

Die Truhe ist wirklich sehr aufwändig gearbeitet, an der Vorderseite sind Blumen und florale Motive zu finden. Die Kassetten sind dreidimensional geschnitzt und lassen eine extreme Flucht zu, auch wenn sie erhaben sind, also sich nach außen hin aufbauen. Außerdem scheinen sie fast wie ein Bollwerk bzw. dessen Grundriss zu sein. Es erinnert an alte Stadtpläne Glückstadts.

Die dunkle und schwere Truhe von Magdalena Lüdemann in der Döns. (Foto: Christine Berg)

Die Windrosen sind Intarsienarbeiten aus vermutlich Elfenbein und Ebenholz. Es sind innen 16 gleichförmige Dreiecksfelder und außen acht Pfeilarme, die drei verschieden gearbeitete Spitzen aufweisen.

Ob die Truhe kurz nach der Geburt gefertigt wurde, lässt sich heute schwer sagen. Vielleicht wurde sie auch erst Jahre später gezimmert und geschnitzt, um der Tochter die Möglichkeit für das Sammeln der Aussteuer zu geben. Mir stellt sich auch die Frage, wann früher in der Regel Truhen gefertigt wurden; als Möbelstück sicherlich auch zur Hochzeit oder bei einem Umzug.

Die einzige Frau wäre eine Magdalene Lüdemann[1] (10, geb. 1793), die als Halbwaise mit ihrem Vater und Schwestern im Jahr 1803 in der Judenstraße 148 (heute: Königstraße 56) lebte. Der 53-jährige Witwer, Hausvater, „Mauermeister und Schenkwirt" Johann Lüdemann (geb. 1750) war vielleicht vermögend genug, um seinen Töchtern oder eben nur Magdalene eine Truhe fertigen zu lassen. Die Schwestern waren Catharina (19, geb. 1784) und Margarethe (16, geb. 1787). Zum Haushalt gehörten das ledige Dienstmädchen Margarethe Harms (24, geb. 1779), eine 62-jährige Mietsfrau namens Margarethe Fritzen (geb. 1741), „Lebt von ihrer Händearbeit", und der ledige Mieter und Bäckergesell Conrad Schubart (19, geb. 1784). Aber wie gesagt sind dies nur Vermutungen.

Christine Berg

---

1 Siehe zu ihr unter www.danishfamilysearch.com/cid1999440.

Hedwig Rebecca Maria Struckmann

In den bereits publizierten Bänden der *Fortunae*-Reihe gibt es immer wieder Hinweise auf „Kostkinder" oder „Kostgänger", wobei Letztere in der Regel Erwachsene waren, die in Privathaushalte einkehrten, um Essen zu sich zu nehmen. Doch vorweg sei nochmals auf die Eltern von Maria Struckmann verwiesen:

Im Jahr 1803 war Friederike Christine [Christina Friederica] Pfeiffer (siehe ausführlich zu diesem Eintrag den Fortunae Band 3, Seiten 63 bis 66) noch keine Witwe, denn sie war seit dem 8. Januar 1790 mit dem späteren Gastwirt Heinrich Friedrich Struckmann (40, geb. 1763) verheiratet und die Familie lebte unter der Adresse Große Nübelstraße 16 (heute: Am Markt 12/Ecke Große Nübelstraße). Heinrich Struckmann war Unteroffizier bei der „Compagnie des General Leibregiments Grafen zu Rantzau" und Friederike Christine Pfeiffers Vater war „Corporal". Die Eheschließung wurde demnach in das Copulations/Heiratsregister von Schloss und Garnison eingetragen.

Die 34-jährige Friederike Christine Pfeiffer (geb. 1769) war im Jahr 1810 Mutter von fünf kleineren Kindern und ihr zur Seite standen zwei Dienstmädchen und eine Amme. Die Kinder waren die 10-jährige Hedwig Rebecca Maria[1] (geb. 1793), die 6-jährige Louise Anna Margarethe (geb. 1797), der 4-jährige Hinrich Wilhelm (geb. 1799), der 2-jährige Jürgen Friedrich (geb. 1801) und als jüngste die 1-jährige Sophie Charlotte (geb. 1802).

Gut 30 Jahre später lassen sich in der Volkszählung aus dem Jahr 1835 noch zwei Kinder finden: Friederich und Maria Struckmann.

---

1 Siehe dazu www.danishfamilysearch.com/cid1977444.

Friederich Struckmann[2] (dann 35, geb. 1800) war Arbeitsmann und mit der 32-jährigen Dorathea Tørsten (geb. 1803) verheiratet. Zum Haushalt unter der Adresse Rethhögel Nr. 67B (heute: Am Rethövel 15), 1. Stockwerk gehörten die 10-jährige Tochter Louise Cath[arina] (geb. 1825) und das ledige Dienstmädchen Anna Peters (36, geb. 1799).

Maria Struckmann[3] wurde unter der Adresse Fleth Nr. 135 (heute: Am Fleth 31), in dessen Nebenhaus, 3. Familie, des Schneiders und Arbeitsmanns Johann Greve als „Kostkind, wird von der Armenkasse unterhalten" registriert – und das im Alter von immerhin 42 Jahren (geb. 1793). Die schon in die Jahre gekommenen Eltern hatten noch zwei jüngere Kinder im Haus und neben der ledigen Maria Struckmann noch vier weitere jüngere Kostkinder, die allesamt von der Armenkasse finanziert wurden.

Schließlich fand ich dann den knappen Sterbeeintrag im Todtenregister des Jahres 1841: „19. / 23. May Rebecca Hedwig Maria Struckmann hies., des wail. Hinrich Friedrich Struckmann hies. u. wail. Friederica Christina geb. Pfeiffer ehel. Tochter, alt 47 Jahr 3 Mon."

Der 56-jährige Johann Greve (geb. 1779) war mit der acht Jahre jüngeren Anna Klingberg (48, geb. 1787) verheiratet. Die eigenen Kinder waren Sophia Greve (8, geb. 1827) und Wilhelm Greve (4, geb. 1831). Als die vier Kostkinder wurden Johann Busack (5, geb. 1830), Friederich Gerdts (9, geb. 1826), Johann Postleb (11, geb. 1824) und schließlich Anna Schmahl (10, geb. 1825) registriert.

Anna Schmahl ist vermutlich die Schwester von Johann Schmahl, der im Haushalt von Peter Todt lebte (s.u.). Friederich Gerdts ist vermutlich der Bruder von Carl Gerdts und Heinrich Gerdts, die im Haushalt von Johann Bernhard lebten (s.u.).

---

2 Siehe dazu www.danishfamilysearch.com/cid3492368.

3 Siehe unter www.danishfamilysearch.com/cid3476848.

Bei den Recherchen zu „Kostkindern“ fielen mir dann noch weitere Haushalte auf, die ich an dieser Stelle nicht weiter ausführlich recherchieren und behandeln kann und will, aber zu den „Kostkindern“ möchte ich doch noch einige Bemerkungen herausstellen. Einige Haushalte mit vielen „Kostkindern“ oder „Kostgängern“ habe ich bereits in den Bänden 3 und 4 beschrieben. Noch nicht ganz klar ist mir, ob die Eltern aller „Kostkinder“ verstorben und die Kinder somit Waisen waren, oder ob sie keine Zeit für diese Kinder hatten oder ob diese vielleicht unehelich waren. Oder ob die Eltern sogar im Zuchthaus waren und die Kinder ja versorgt werden mussten. Es gab keine Kriegszeiten bis 1835 in Glückstadt, wohl aber Sturmfluten, Seuchen und Epidemien.

Diese ebenfalls schon etwas älteren Eltern hatten noch vier jüngere eigene Kinder im Haus und dazu zwei jüngere Kost- bzw. hier Pflegekinder, vermutlich Brüder, die allesamt von der Armenkasse finanziert bzw. „unterhalten“ wurden.

Die Eheleute Johann Bernhard[4] (57, geb. 1778), von Beruf Arbeitsmann, und Christina Henne (50, geb. 1785) hatten eine Tochter Johanna Bernhard (14, geb. 1821) und die drei Söhne Marcus Bernhard (11, geb. 1824), Christian Bernhard (8, geb. 1827) und Heinrich Bernhard (6, geb. 1829). Die Pflegekinder waren Carl Gerdts (13, geb. 1822) und Heinrich Gerdts (7, geb. 1828).

Carl Gerdts und Heinrich Gerdts sind vermutlich die Brüder von Friederich Gerdts, der im Haushalt von Johann Greve lebte (s.o.). Der Haushalt von Johann Bernhard lebte unter der Adresse Schwiebogen Nr. 81 & 82, 1. Stockwerk, 4. Familie (heute: Kleiner Schwibbogen 2 und 3?).

---

4 Zum Haushalt unter www.danishfamilysearch.com/cid3479066.

Der auch schon in die Jahre gekommene Hausvater und Arbeitsmann Peter Todt[5] (57, geb. 1778) war mit der 16 Jahre jüngeren Cicilia Bönner (41, geb. 1794) verheiratet. Diese Eltern hatten drei jüngere Kinder im Haus und noch vier weitere jüngere bzw. pubertierende Kostkinder, die allesamt von der Armenkasse finanziert wurden.

Die eigenen Kinder waren Johann Todt (11, geb. 1824), Maria Todt (9, geb. 1826) und Carl Todt (6, geb. 1829). Carl Höger (14, geb. 1821), Johann Schmahl (13, geb. 1822), Fritz Ratjen (11, geb. 1824) und Johann Stockfleth (9, geb. 1826) waren die Kostkinder bzw. „Kostjungs". Der Haushalt war in der Nübelstraße Nr. 38, 1. Stockwerk (heute: Große Nübelstraße 19, 19a-d) angesiedelt. Johann Schmahl ist vermutlich der Bruder von Anna Schmahl, die im Haushalt von Johann Greve lebte (s.o.).

Warum diese – oder überhaupt – Geschwister nicht gemeinsam in einen Haushalt kamen, müsste noch geklärt werden. Einen Fall hatte ich für Band 4 recherchieren können, nämlich dass die Eltern im zeitlichen Abstand zueinander verstarben bzw. die Mutter bei der Geburt des einen Kindes und der Vater später. Gab es in Glückstadt Waisenhäuser? Bekannt ist mir aus Archivdokumenten und Chroniken wie der *Chronik der Kirchengemeinde Glückstadt*[6] nichts dazu. Die Vorzugsvariante Pflegefamilie für Waisen schien davor in Glückstadt gang und gebe zu sein. In der Kirchenchronik wird an vielen Stellen darauf verwiesen, dass für die Armen, egal ob Kinder oder Erwachsene, immer gesammelt bzw. gespendet wurde, dass diese im Armenhaus die Möglichkeiten hatten, sich durch Handwerk etwas Geld zu verdienen. Auch der Schulbesuch der Kinder wurde so ermöglicht.

Christine Berg

---

5 Siehe dazu unter www.danishfamilysearch.com/cid3487641.

6 *Chronik der Kirchengemeinde Glückstadt*. Nachlaßwerk des früheren Propsten Jakobsen in Glückstadt, abgeschrieben und zum Teil ergänzt von Emil Holst Pastor i e R in Voßloch (1906-1924 Pastor am Strafgefängnis in Glückstadt).

Cäcilia Margaretha Vendt, geb. Thornedden

Im Jahr 1803 lebte die 62-jährige Witwe Cicilie Margarethe Vendten[1] (geb. 1741) als Hausmutter unter der Adresse Am Kirchhofe 79 (heute: Am Kirchplatz 10). Sie „handelte mit Leinen, Zwirn, pp" und hatte das ledige Dienstmädchen Gesche Hintz (17 Jahre alt, geb. 1786) zur Seite. Der unverheiratete Carl von Hein (31, geb. 1772) wurde als logierender Premierlieutenant dokumentiert.

Dass Witwe Vendt handelte, ist kein Wunder, denn ihr Ehemann Bagge Hinrich Vendt war Handelsmann. Im Todten/Sterberegister für das Jahr 1801 findet sich folgender Eintrag für den 26. Nov. / 1. Dez.: „Bagge Hinrich Vendt, Handelsmann hieselbst, des wailand Hans Hinrich Vendt, Stückjunkers [?] zu Rendsburg und seiner Frau Dorothea geb. Tuliussen. Er war verheyrathet mit der nachlebenden Cäcilia Margaretha, geb. Thornedden. Alt 61 Jahre 10 Monate 28 Tage. Ohne Leibeserben."

Das heißt, er wurde Anfang Januar 1740 geboren und das Ehepaar hatte keine Kinder oder diese waren gestorben. Witwe Vendt war demnach vermögend genug, um arme Bürgerinnen und Bürger Glückstadts unterstützen zu können und zu wollen. Ihre Geburtsnamen weichen leicht voneinander ab und sind sprachlich sehr dicht beieinander,[2] aber es gibt für diese Jahre nur eine Vendt in der Volkszählung, die infrage kommt. Von daher ist die Wahrscheinlichkeit sehr hoch, dass es dieselbe Person ist. In der *Chronik der Kirchengemeinde Glückstadt* findet sich folgender Hinweis:

---

1 Siehe dazu www.danishfamilysearch.com/cid1998888.

2 Grad wenn man den niederdeutschen „Slang" bedenkt, der so klingt wie „näddn" und „mähln".

„Die Witwe Margaretha Vendt geborene Thormählen gab je 150 ℳ an beide Armenkassen (1806?) zur Verteilung an würdige und wirklich bedürftige Hausarme und ferner eine Obligation über 900 ℳ, deren Zinsen am Neujahrsabend im Armenhause zu verteilen waren. Durch einen Konkurs wurde aber der Wert dieser Obligation auf 100 ℳ reduciert."[3]

Das ℳ steht dabei für „Mark Lübsch", die „Lübecker Währung", die im Norden seit dem Mittelalter benutzt wurde. In Schleswig-Holstein wechselten die Währungen des Öfteren und leider konnte ich bisher die Kaufkraft von 900 ℳ nicht herausfinden. Wenn heute 10 Eier 2,05 € kosten, musste man im Jahr 1882 dafür 0,50 Mark bezahlen. Das Verhältnis zu Mark Lübsch war sicher noch anders herunterzurechnen.

Christine Berg

---

3 *Chronik der Kirchengemeinde Glückstadt.* Nachlaßwerk des früheren Propsten Jakobsen in Glückstadt, abgeschrieben und zum Teil ergänzt von Emil Holst Pastor i e R in Voßloch (1906-1924 Pastor am Strafgefängnis in Glückstadt), S. 248 alt bzw. S. 310 neu.

Das dritte Jahrhundert von 1817 bis 1917
Ereignisse in Glückstadt

Im Jahr 1835 leben etwas mehr als 5.000 Menschen in Glückstadt.

Die „Glückstadt-Elmshorn Eisenbahn“ wird im Jahr 1845 eröffnet. Sie ist die dritte Eisenbahn Schleswig-Holsteins und hat Anschluss an die „Christian VIII. Ostseebahn“, die von Altona nach Kiel führt. Dadurch entsteht eine Verbindung der drei wichtigsten Städte Holsteins. Am Rhin wird ein Bahnhof gebaut.

Im Jahr 1863 ziehen die Dänen aus Glückstadt ab und die hannoverschen Truppen in Glückstadt zur Durchführung der Bundesexekution ein.

Nach dem Sieg der Preußen über die Österreicher werden im Jahr 1867 die Herzogtümer Schleswig und Holstein in das Königreich Preußen einverleibt.

Das Wasmer Palais wird 1876 für die Knabenschule angekauft.

Im Jahr 1893 wird die Glückstädter Heringsfischerei gegründet.

Das dritte Jahrhundert von 1817 bis 1917
Inhaltsverzeichnis

Catharina Bahlmann, verh. Thormählen

Letztlich nie ganz zu verifizieren sind Objekte, deren Herkunft nicht eindeutig nachzuverfolgen ist bzw. deren frühere Besitzverhältnisse nur vermutet werden können. Die wunderschön gearbeitete Truhe von Catharina Bahlmann datiert für das Jahr 1878. Und mit etwas detektivischem Gespür für Familiennamen außerhalb Glückstadts bin ich schließlich auf den Ort Neuendorf gekommen. Vermutlich wurden Truhen für die Aussteuer zur Hochzeit gefertigt, vielleicht auch vorher; zumindest aber nach der Verlobung oder wenn der Hochzeitstermin anberaumt war. So schloss ich, dass das Jahr 1878 das Hochzeitsjahr sein könnte und Catharina dann Anfang 20 gewesen ist.

Und tatsächlich fand ich im Taufregister Neuendorf des Jahres 1853 den Eintrag zu Catharina Bahlmann: „Catharina Bahlmann, ehel. Tochter des Hofbesitzers Hinrich Bahlmann unweit der Kirche, und der Anna, geb. Tonder. Gev. 1. Catharina Stöben auf der Landscheide, 2. Elsabe Thormählen auf dem Silkendeich, 3. Catharina Hell in Raa (Neuendorf)."

Im Copulations / Heiratsregister für das Jahr 1878 in Neuendorf entdeckte ich dann schließlich einen Eheeintrag für den 24. April: „Johann Thormählen, Hofbesitzer auf dem Ort, ehel. Sohn des wailand Hofbesitzers daselbst Paul Thormählen u. der Lene geb. Struven, mit Catharina Bahlmann ehelichen Tochter des Hofbesitzers in Neuendorf unweit der Kirche Hinrich Bahlmann, und der Anna, geb. Tonder. Copuliert 24. April […]"

Das heißt, dass Catharina Bahlmann im Alter von 25 Jahren geheiratet hat. Erstaunlicherweise konnte ich bislang keine getauften Kinder der beiden finden, jedenfalls nicht für das Kirchspiel Neuendorf. Ob das Ehepaar den Hof gewechselt hatte, konnte ich nur vermuten. Ich hatte auch noch nicht in die Sterbe/Todtenregister geschaut.

Dies war der Stand im Sommer 2020 und danach konnte ich dann von Familie Magens aus Kollmar weitere Einzelheiten erfahren. Auch half mir Familie Magens mit Kopien aus den verschiedenen Registern und bei der Verifizierung meiner Vermutungen. Bei einem Besuch auf dem Hof der Familie entdeckte ich nämlich die Truhe und wegen des Frauennamens wurde dann mein Forscherinnendrang geweckt. Ich bin der Familie sehr dankbar, dass ich die Truhe fotografieren durfte und Hilfe bei der Recherche erhielt.

Folgende Hinweise erreichten mich im Oktober 2020 zunächst per E-Mail:

„Ahnenforschung in den letzten 400 Jahren ist relativ leicht bei den Bauernhöfen. Trotz allem muss man hin und her recherchieren. Hier eine Zusammenfassung für den Weg der Truhe:

- hergestellt 1878 für die Hofübernahme von Johann Thormählen (Hof 497) und Catharina, nachdem er zwei Jahre zuvor Catharina, geb. Bahlmann (Hof 600) geheiratet hatte

- weitervererbt an ihre Tochter Magdalena Thormählen, verh. Magens (Hof 511), unser [Magens] Hof

- von dort weitervererbt an ihre Tochter Herta Bols, geb. Magens, nach Dingen/Eddelak. [Herta wurde 1929 geboren und heiratete 1954 Martin Bols, der Landwirt in Dingen war.]

- von dort zurückverschenkt an Elisabeth [Familie Magens/Picard] (wieder Hof 511)“

Johann Thormählen lebte von 1838 bis 1917 und heiratete Catharina Bahlmann der „Gravert-Quelle“ nach bereits im Jahr 1876. Die Kinder waren Paul, Anna, Johann, August und Magdalena, die Nikolaus Magens heiratete. Catharina Bahlmann war das vierte von sechs Kindern.

Die kofferähnliche Truhe, die in Kollmar steht.
(Fotos (2): Christine Berg)

Die Truhe, die also zur Hofübernahme angefertigt wurde, ist in dem Sinne keine klassische Aussteuertruhe, sondern war wohl eher ein „Möbelstück“. Aber im Innenraum links oben sieht man zwei Halterungen für ein Brett, die sogenannte „hohe Kante“, auf die Wertsachen und Geld gelegt wurden, um sie bei Gefahr schnell mitnehmen zu können.

Die Familie rettete die Truhe vor der Vernichtung und dichtete Spalten ab. Es gehört heute noch der Originalschlüssel dazu und die Truhe ist reichlich mit schmiedeeisernen Beschlägen ausgestattet. An zwei Stellen lassen sich zudem noch Vorhängeschlösser anbringen; es sieht also nach wertvollem Inhalt aus, der früher darin gelagert wurde. Die Truhe ist mit rotbraunem Lack überzogen, der handschriftlich anmutende Namenszug ist goldfarben aufgetragen.

Christine Berg
mit mündlichen Quellen der Familie Magens / Picard

Madame Ehlers/Ehlert

Im Glückstädter Stadtarchiv, derzeit zum größten Teil im Lentzenweg untergebracht, gibt es viele Aktenordner mit alten Fotos und handschriftlichen Hinweisen zu früheren Einwohnerinnen und Einwohnern sowie unzähligen weiteren Themen aus Glückstadts Geschichte. Werner Wriegt (22.3.1924-5.1.2016), ehemaliger Postmeister Glückstadts und ehrenamtlich tätiger „Magazinmeister" des Archivs, hatte diese vielen Hunderte von Fotos gesichtet, geordnet und auf Kartonpapier fixiert sowie dieses beschriftet, sofern ihm Angaben und Informationen vorlagen. Vor allem in den Ordnern zu „Personen" konnte ich reichlich Bildmaterial zu Frauen finden.

„Mdm. Ehlers / Ehlert u. Mann
Waren dort die Kinder in Pension?
Wickelte man dort die Bankgeschäfte ab?"

Diese kurzen handschriftlichen Hinweise, die wohl von zwei verschiedenen Personen geschrieben worden sind, finden sich auf der Rückseite eines Kabinettsfotos aus dem Photoatelier Wilhelm Mehlert. Vermutlich ist es um das Jahr 1900 herum entstanden. Das Ehepaar müsste in seinen 70er Lebensjahren sein, vielleicht plusminus fünf Jahre; dann wären beide um das Jahr 1830 herum geboren worden.

Mdm. Ehlers trägt eine Brille bzw. einen Zwickel und hält ein Buch in der rechten Hand. Ihre Kopfhaube bzw. Kopfschmuck ist ganz typisch für die Zeit, vor allem bei älteren Frauen. Diese Mode ist auf vielen Fotos aus der Zeit zu finden, in der Regel aber eher etwas früher, so um 1880-1890. Ihr Mann stützt seine rechte Hand auf ihre linke Schulter.

Erste Ideen zur Schreibung waren Schenck, Pfluck und Stend, aber auch Ehlert und Ehlers, so näherten wir uns der Handschrift langsam an. Und um noch etwas mehr herausfinden zu können, bat ich die Redaktion der *Glückstädter Fortuna* darum, einen Beitrag und einen „Suchaufruf" zu dem Ehepaar zu veröffentlichen.

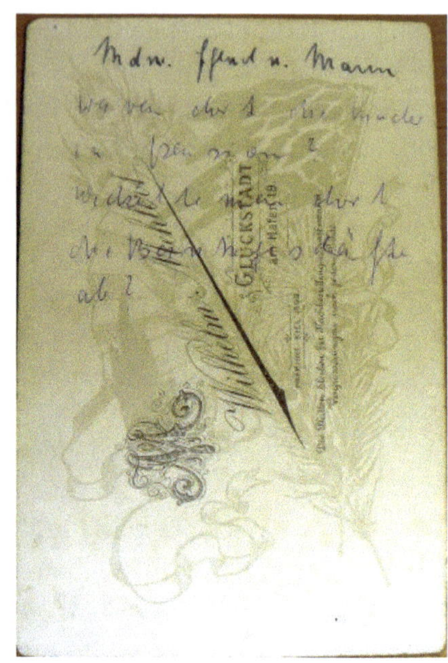

Das Ehepaar Ehlers/Ehlert[1] auf einem Kabinettfoto aus dem Photoatelier Wilhelm Mehlert, Glückstadt. Das Foto hat die Maße von ca 11x16 cm. (Repro/Fotos (2): Christine Berg)

Am 17. März 2021 erschien auf Seite 7 ein Artikel von Christine Reimers, in dem auch das o.a. Foto vorgestellt wurde. Tatsächlich sind mir aber keine Hinweise zugekommen und weitere Recherchen in den einschlägigen Archiven stehen nun an.

Christine Berg

---

1 Hier danke ich dem Leiter des Kirchenkreisarchivs, Evangelischer-Lutherischer Kirchenkreis Rantzau-Münsterdorf, in Wrist Bastian Didszuhn und der dortigen Ehrenamtlerin Frau Schultz für die engagierte Unterstützung bei der Lesart der Handschrift.

Anna Evert

Im Herbst 2019 konnte ich auf einer einschlägig bekannten Internet-Auktionsbörse zwei Silbertauflöffel erstehen. Es sind massive Silberlöffel aus der Werkstatt des D.[iederich] tho Aspern (22.10.1806 bis 1888) in Glückstadt. Im Jahr 1835 war der Wohnsitz von tho Aspern in der Cremperstr. Nr. 107, 2. Stockwerk, 2. Familie (heute: Große Kremper Straße 16). Er war dort als lediger „Gold und Silberarbeiter" registriert. Wo er gearbeitet hat oder später seine Werkstatt hatte, muss ich noch recherchieren. Vermutlich unter der gleichen Adresse.

Im gleichen Jahr wurde die 19-jährige Dorothea Elisabeth Krumstroh[1] (geb. 1816) ebenfalls unter der Adresse Cremperstr. Nr. 107, 2. Stockwerk (heute: Große Kremper Straße 16) registriert. Sie wurde im Zensus von 1835 als „ledig" und trotzdem „seine Frau" dokumentiert, wobei in der Online-Datenbank kein Zusammenhang zu erkennen ist.

Angeblich heiratete tho Aspern sie am 4.11.1834. In den Copulationsregistern für Glückstadt konnte ich den Eintrag bislang nicht nachweisen, die Heirat erfolgte vielleicht in Lüneburg oder einer anderen Stadt im Norden.

Bereits im Jahr 1803 war bei der Volkszählung unter der damaligen Adresse Große Cremper Straße 107 (heute: Große Kremper Straße 16) der Haushalt des 30-jährigen Hausvaters und Goldschmieds Franz Peter Krumstroh[2] (geb. 1773) zu finden. Verheiratet war er mit der gleichaltrigen Anna Metta Elisabeth Lohrmann (geb. 1773) und das Ehepaar hatte in dem Jahr den kleinen Sohn Johann Martin Krumstroh (3, geb. 1800).

---

1 Quelle unter www.danishfamilysearch.com/cid3478380.

2 Siehe dazu www.danishfamilysearch.com/cid1999100.

Mit Haushalt wurden der ledige Geselle Georg Friedrich Krumstroh[3] (29, geb. 1774) und der ledige Lehrbursche Peter Strüven (18, geb. 1785), der später auch dieses Handwerk ausübte und von dem es Silberware gibt, sowie das unverheiratete Dienstmädchen Caroline Meyer (20, geb. 1783) dokumentiert.

Trotz intensiver im Kirchenkreisarchiv in Wrist konnte ich zumindest für Glückstadt keinen Eintrag in den Taufregistern mit dem Nachnamen Evert finden. Die Tochter kann ja auch in der Umgebung geboren worden sein und der Tauflöffel wurde in Glückstadt gefertigt und erworben. Auch für Kollmar, Beidenfleth, Krempe oder Wewelsfleth z.B. habe ich keine Einträge finden können.

Die Tauflöffel, die oftmals auch mit 1 bis 2 Glasfluss-Steinen, meist roter Farbe, versehen waren, wurden zur Taufe eines Babys gefertigt bzw. erworben. Auf den von mir erstandenen Löffeln sind die Mädchennamen rückseitig oben am Griff eingraviert. Die Löffel befinden sich in meinem Eigentum (Stand Sommer 2021).

Der Löffel hat eine Länge von circa 23,5 cm und wiegt 49 Gramm. Er trägt das markante Friesische Muster mit rückseitiger Inschrift:

Anna Evert.

1854.

THO ASPERN und Fortuna (für Glückstadt)

---

3 Zu den Goldschmiedegenerationen und –familien siehe bei Wolfgang Scheffler: Goldschmiede Niedersachsens: Daten, Werke, Zeichen (in 2 Bänden: Erster Halbband: Aerzen - Hamburg | Zweiter Halbband: Hameln - Zellerfeld), Berlin: Walter de Gruyter & Co., 1965. Hier Band 1 auf Seite 929 und zu Dorothea auf Seite 934.

Ansichten des Löffels von Vorder- und Rückseite.
(Fotos (2): Christine Berg)

Christine Berg

Jenni Falck, geb. Baumeister, und Töchter

Im Glückstädter Stadtarchiv, derzeit zum größten Teil im Lentzenweg untergebracht, gibt es viele Aktenordner mit alten Fotos und handschriftlichen Hinweisen zu früheren Einwohnerinnen und Einwohnern sowie unzähligen weiteren Themen aus Glückstadts Geschichte.

Werner Wriegt (22.3.1924-5.1.2016), ehemaliger Postmeister Glückstadts und ehrenamtlich tätiger „Magazinmeister" des Archivs, hatte diese vielen Hunderte von Fotos gesichtet, geordnet und auf Kartonpapier fixiert sowie dieses beschriftet, sofern ihm Angaben und Informationen vorlagen. Vor allem in den Ordnern zu „Personen" konnte ich reichlich Bildmaterial zu Frauen finden.

Das Ehepaar Jenni und Emil Falck wohnte (wohl) seit dem Jahr 1895 Am Hafen 30 und es gibt einige Fotos der Familie im Archiv.

Emil Johannes Nikolaus Falck, gestorben 4. Juni 1925. „Er war Reeder, Schiffsmakler, Vertreter des Englischen Lloyd, Mitbegründer der Glückstädter Ziegelei, Stadtvertreter und Stadtrat in Glückstadt", so ein Hinweis im Foto-Ordner. Er war auch Kohlenhändler um das Jahr 1889/90 herum. Im Sterberegister findet sich der Eintrag, dass Emil Fal[c]k „lediglich" Rentner und Witwer war und 71 Jahre alt, d.h. er muss im Jahr 1854 geboren worden sein. Ein Blick ins Taufregister ergab danach den 29. Juni 1853; er war ehelicher Sohn von Christian und Margaretha Falk.

Jenni Christine Johanna Elisabeth Falck, geb. 1858; mehr gab der Hinweis im Archiv-Ordner nicht her. Bei den Taufeinträgen der Töchter konnte ich herausfinden, dass sie eine geborene Baumeister war, aber wann sie gestorben war und wo, konnte ich bislang trotz intensiver Suche nicht erforschen.

Wunderbarerweise existieren ein Foto des Ehepaars aus dem Photostudio Wilhelm Mehlert und mehrere großformatige Aufnahmen der Familie auf Karton gezogen, wobei bei diesen der Fotograf unbekannt ist. Es ist relativ selten, aus der Zeit Aufnahmen zu finden, wo Porträtierte im Abstand von mehreren Jahren nochmals fotografiert wurden bzw. „auftauchen".

Links das Foto des Ehepaars Falck aus dem Photoatelier Wilhelm Mehlert. Rechts ein Porträt von Jenni Falck, der Fotograf ist unbekannt. (Repro/Fotos (2): Christine Berg)

Das Foto mit Jenni Falck und den drei Töchtern hat auf der Rückseite folgende Hinweise:

„Die jüngste Bertha Lilly geb. 26. Januar 1891 gest. 12. Februar 1979
Links Frieda geb. 14. Februar 1882 gest. 30. Oktober 1975
Rechts Elli Falck verh. Kniesch geb. 7. März 1880 gest. [ohne Datum],
Tochter von Elli ist Margarete Pütt[g]jer"

Jenni Falck und ihre drei Töchter; der Fotograf ist unbekannt. Alle vier tragen, wie auch auf den anderen Fotos zu sehen, aufwändig gearbeitete Kleidung. Das Foto hat eine Größe von ca. 15x20 cm.
(Repro/Foto: Christine Berg)

Margarete Kniesch hatte also Hermann Püttjer geheiratet, der sich im Jahr 1912 entschloss, als Bäckermeister das Hotel und Wirtshaus „Glückstädter Hof" am Markt 14 zu kaufen. Seine Ehefrau arbeitete damals dann in der Küche.

Frieda Marie Emmy Caroline ist als eheliche Tochter „Falk" laut Taufeintrag am 19.2.1882 geboren worden. Sie hatte drei Gevatterinnen.

Elly Margaretha Johanna Hermine ist als eheliche Tochter „Falk" laut Taufeintrag am 7.3.1882 geboren worden. Sie hatte ebenfalls drei Gevatterinnen.

Doch Bertha Lilly Cäcilie konnte ich schließlich finden, nachdem ich ihr Sterbejahr auf 1979 korrigieren musste, nachdem ich wiederum nochmals die Rückseite vergrößert hatte. Bertha Falck war eine verheiratete Spieß und hatte bis zum Zeitpunkt des Todes Am Hafen 30 gelebt, also im elterlichen Haus. Sie war wohl geschieden und in Glückstadt geboren.

Und schließlich konnte ich auch „Frida Maria Emmi Caroline" recherchieren, deren Eintrag mit o.a. Angaben übereinstimmt, und die eine verheiratete Clausen war, und tatsächlich in Glückstadt geboren wurde. Sie war im Jahr 1975 Witwe und lebte zum Zeitpunkt des Todes ebenfalls Am Hafen 30, also im elterlichen Haus.

Christine Berg

Frauen, junge Mädchen und Ehepaare auf frühen Fotos: Carte de Visite

Durch eine gut erhaltene CdV[1], die Ina von Brockdorf(f) zeigt (siehe Eintrag dazu in Fortunae Band 2) und sich im Stadtarchiv befindet, habe ich mich seit dem Sommer 2016 auf einschlägigen Internetauktionsbörsen sowie bei Ansichtskartenhändlern umgetan und so einige Fotos aus der guten, alten Zeit ersteigern können.

In der Zeit von ca. 1860 bis ca. 1910 sind diese Fotografien entstanden und folgende Glückstädter Fotografen haben gewirkt:

1. Foto-Studio H. W. Flemming in der Königstraße 151 (heute: Königstr. 53), dies muss das älteste und vielleicht erste Fotostudio gewesen sein, wenn man der Mode nach beurteilen möchte.
2. Photographisches Atelier C. J. Schweim, Am Hafen 19. Es ist eines der ältesten Fotostudios in Norddeutschland, das sich bis heute noch im Familienbesitz befindet. Gegründet wurde das Fotostudio im Jahr 1878 von Claus-Jakob (C. J.) Schweim in Glückstadt, zuerst wohl Am Fleth und dann könnte er das Wommelsdorffsche Studio Am Hafen übernommen haben. Seit 1886 ist es in Uetersen ansässig.
3. Unter der Adresse Am Hafen 19 gab es später Wilhelm Mehlert, der in Kiel im Jahr 1893 prämiirt (sic) wurde, und danach Carl Lorenzen. Von Lorenzen habe ich bislang nur relativ wenige Fotos gesehen. Die Familie von Mehlert und dessen Wirken sollen an anderer Stelle ausführlicher behandelt werden.

---

1 Als Carte de Visite (Abkürzung CdV) bezeichnet man eine auf Karton fixierte Fotografie im Format von ca. 6x9 cm. Ab ca. 1860 wurde die Carte de Visite sehr populär und trug wesentlich zur Verbreitung der Fotografie bei. Nach 1915 ist sie nur noch sehr vereinzelt zu finden.

4. Und etwas bislang Einmaliges ist eine CdV, die einen Geistlichen porträtiert und an dieser Stelle keinen Platz hat, aber von dem Photostudio W. Wommelsdorff-Friedrichsen, Atelier für Photographie, Am Hafen 72 (heute: Am Hafen 19), aufgenommen worden ist. Die einzige Fotografie, die ich bislang von diesem Fotostudio aus Glückstadt recherchieren konnte. Von der Machart her könnte es in oder zwischen die Zeit von Schweim oder Mehlert passen. Vermutlich war es danach in Kiel.
5. Das Photographie-Atelier S. Körner war Am Fleth 177 (heute: Am Fleth 41+42) angesiedelt und gab dunkelbraune Platten mit aufwändigem Logo in Goldtönen auf der Rückseite heraus.
6. Das Photographische Atelier Ed. Weben lag in der Kremperstrasse 23 (heute: Große Kremperstr. 23) und versah das CdV-Porträt eines Ehepaares z.B. mit Goldrand und hatte auf der Rückseite einen Schmetterling als Emblem.
7. Das Fotostudio von H. Blume lag in der Kremperstrasse und vermutlich ist es das Nachfolgeatelier von Ed. Weben.
8. Erst danach lassen sich Aufnahmen des Fotografen Heinrich Struck und Heinrich Struck Sohn nachweisen. Die Adresse ist mir bislang unbekannt. In den 1930er-Jahren gab es auch den Verlag H. Struck & Sohn, Glückstadt, der Ansichtskarten herausgab. Vielleicht hat Struck Vater bereits seit den 1920er-Jahren ein Fotostudio gehabt.

Wie wunderschön wäre es, würde man die Namen der Porträtierten und auch mehr zu den Personen und Familien kennen! Auf den nachfolgenden Beispielen sind keine Angaben auf den Rückseiten vorhanden.

Der Foto-Mode entsprechend wurden die Porträtierten ernst bis streng aussehend und nicht immer in die Kamera blickend arrangiert. Die Kleidung ist in der Regel dunkel bzw. vermutlich schwarz und sind „die besten Stücke"; Frauen halten oft Bücher in den Händen, Männer dagegen Taschenuhren oder Spazierstöcke. Ehepaare berühren sich in der Regel nicht und bei Familienporträts stehen die Kinder, wenn sie alt genug sind, die Eltern oder Erwachsenen sitzen. Einige Beispiele sollen dies hier veranschaulichen. Ob diese Personen tatsächlich auch in Glückstadt gelebt haben, oder etwa im Umland, lässt sich nur vermuten.

In der zweiten Hälfte des 19. Jahrhunderts war es üblich, Carte de Visite (daher wohl später der Ausdruck „Visitenkarten") als Porträts zu verschenken und in Alben zu sammeln. Auch von Prominenten wurden Carte de Visite angefertigt und verkauft.

„Als Porträtaufnahmen hatten die meisten Cartes de visite nur geringen ästhetischen Wert. Man machte keinerlei Versuch, den Charakter des Porträtierten durch eine differenzierte Beleuchtung oder durch Wahl einer bestimmten Körperhaltung oder eines Gesichtsausdrucks zu verdeutlichen."[2]

Inzwischen ist meine Sammlung von Porträtfotos aller Art sehr umfangreich geworden. Auch erwerbe ich CdVs und Porträts von Bürgern, Soldaten, Feuerwehrleuten, Uniformierten, die alle Glückstädter Geschichte und Lebensbereiche widerspiegeln. Oft sind diese individuellen und einmaligen Fotos die letzten „Zeitzeugen".

Die hier publizierten CdVs sind im Eigentum von Christine Berg.

Christine Berg

2 Beaumont Newhall, *Geschichte der Fotografie*, 1998, S. 68, München: Schirmer/Mosel.

Von Carl Lorenzen (links) gibt es fast nur hochformatige Porträts, die einem Lesezeichen ähneln. Von Wilhelm Mehlert (rechts) ist dieses Format das einzige, das ich bislang kenne. Ob er kurz vor Weggang aus Glückstadt dieses neue Format nutze und Carl Lorenzen ihm damit folgte, kann ich nicht beurteilen. Der Mode nach könnte diese Idee Gestalt annehmen. (Repro/Fotos (2): Christine Berg)

Von Wilhelm Mehlert gibt es einige Kinderporträts, dann fast immer als größerformatiges Kabinettfoto. Ab und zu vergleiche ich diese Fotos, auch mit denen anderer Fotografen, aber es schwierig einzuschätzen, ob es die gleichen Kinder sein könnten. Die Feinheiten der Gesichtszüge und das Alter der Fotos machen einen Abgleich schwer.
(Repro/Foto: Christine Berg)

Frauen und Mädchen im Glückstädter Stadtbild

Alte Fotos und Post- sowie Ansichtskarten haben ihren besonderen Reiz. Und wie glücklich schätze ich mich, dass ich im Laufe der Zeit und Recherchen für diese Bände nicht nur weitere Carte de Visite, sondern auch Fotos und Ansichtskarten erstehen konnte, die unterschiedlich gelaufen sind und vom Motiv her teilweise leichte Variationen auf der Vorderseite anbieten.

Auch wohl privat veranlasste Ansichtskarten wie folgende sind zu finden. Der Fotograf bzw. das Fotostudio sind hier unbekannt. Die Fotokarte ist zu Pfingsten gelaufen; leider ist durch die abgelöste Briefmarke das Jahr bzw. der Datumsstempel nicht erkennbar. Vorne ist mit blauem Kugelschreiber vermerkt: Ballhausstr. 22. Absender sind die Eltern von Max Knoop.

Ansicht des Hauses in der Ballhausstr. 22 in Glückstadt.
(Repro/Foto: Christine Berg)

Ob die beiden Frauen vor dem Haus zur Familie Knoop gehören, kann nur vermutet werden. Sie tragen Schürzen, die linke Frau könnte auch ein Dienstmädchen sein. In der Ballhausstraße finden sich heutzutage mehrere moderne Reihenhäuser unter diesen Hausnummern.

Zwei weitere originale Postkarten aus dem Verlag Carl Kuskop, Wilster, von denen eine am 3.8.1931 gelaufen ist, nehmen eine „Alte Sitte aus der Marsch" als Motiv auf. Beide Karten sind nachkoloriert, die Karte mit dem Titel „Aus der Marsch" ist nur mit Blautönen nachkoloriert. Auf den zweiten Blick fällt auf, dass die fünf alten Damen identisch sind und auch der Hof bzw. die „Klönschnack-Tür" dieselben sind. Lediglich Trachten und Kopfschmuck oder Hauben variieren. Die älteren Frauen rauchten damals eine spezielle Pfeife und kloppten Karten. Natürlich sind beide Motive gestellt und arrangiert worden, aber die Landfrauen und Bäuerinnen pflegten diese Künste damals tatsächlich. Auch heute finden sich wohl etliche „Vintage-Karten" dieses Stils, aber ich konnte zwei Originale erstehen – und war bass erstaunt, dass die älteren Damen sich des Pfeiferauchens tatsächlich hingegeben hatten. Im Internet fand ich dann noch einige Hinweise zu diesen markanten Frauen:

„**1907 Pfeife rauchende Frauen.** Eine ganz besondere Eigenart wurde in der Wilstermarsch mit dem sogenannten „Tabak saufen" ausgeübt. Sowohl Männer als auch Frauen rauchten aus Tabakspfeifen mit sehr langen Stielen und einem Pfeifenkopf aus Porzellan (dieser zumeist mit einem Deckel versehen). Es war nicht ungewöhnlich, sich nach Feierabend zu einem gemütlichen Schwätzchen oder zum Kartenspiel bei einer Pfeife Tabak zusammen zu finden, so wie die abgebildeten alten Damen aus Kudensee. Die Namen der alten Damen sind überliefert. Am Tisch sitzen (von links) Trina Lau, Gesche Umland, Anna Wiese und Gesche Pien; in der "Klönschnacker-Tür" steht Wiebke Bartels."[1]

---

1 Siehe dazu unter <www.mein-wilster.de/Katalog/Verwandt/987/Pfeife+rauchende+Frauen+b> und <www.mein-wilster.de/Katalog/Verwandt/987/Pfeife+rauchende+Frauen+a> (Letzter Aufruf 23.04.2021).

(Repro/Fotos (2): Christine Berg, Eigentümerin dieser beiden Ansichtskarten)

Christine Berg

Emma Görris, geb. Dohrn

Das Kabinettfoto ist wohl in den Jahren um 1900 herum im Fotostudio Wilhelm Mehlert, Glückstadt, entstanden. Auf der Rückseite findet sich mit Bleistift in gut leserlichen Druckbuchstaben geschrieben der Hinweis: „Emma Görris, geb. Dohrn, Wilster."

Dieses Kabinettfoto hat eine Größe von ca. 16,5 x 10,5 cm und zeichnet sich, das muss man sagen, durch eine gute bis sehr gute Erhaltung aus. Und gerade das Gesicht und dessen feine Züge sind gestochen scharf abgelichtet und gut ins Licht gesetzt worden.

Emma Görris trägt am Hals am Kragen der Bluse eine (vermutlich) Granatbrosche und eine längere Kette um den Hals. Ob daran eine Uhr oder ein Medaillon hängt, ist nicht zu erkennen. Den Ehering trägt sie rechts und am linken Ringfinder steckt ein schlichter Ring.

Ob es sich dabei um die Emma Dohrn handelt, deren Taufeintrag ich im Taufregister Wilster fand, kann ich nur vermuten, aber nicht bestätigen. „1877 24. Okt. / 21. Dec. T. Emma Helene Cäcilie, V. Peter Dohrn, Hofbes. Horst (?), M."

Peter J. von Holdt, der mir bereits zu Erna von Holdt und Agnes von Holdt[1] weiterhelfen konnte, hatte folgende Informationen für mich: „Vor längerer Zeit habe ich ein altes Foto erworben, auf dessen Rückseite von unbekannter Hand u.a. geschrieben steht „Haus von Großmutter Görries"; zu finden unter http://mein-wilster.de/Katalog/Objekt/234/Zingelstra%C3%9Fe%2C+seinerzeitige+Schulstra%C3%9Fe Es handelt sich dabei um das Gelände, auf welchem später die Villa Schütt (an der Zingelstraße) erbaut wurde."[2]

1 Siehe *Fortunae* Band 4, Seiten 128-129.

2 Persönliche E-Mail-Korrespondenz vom 17.09.2020.

Das Porträt von Emma Görris aus dem Atelier Wilhelm Mehlert (Repro/Foto: Christine Berg)

Ich hoffe, dass ich noch etwas zu Emma Görris (auch Görries) herausfinden werde. Auch der Ehemann muss noch erforscht werden; ob es sich um „Herrmann Görris 1865 Wilster Land geboren“ handeln könnte, vermag ich noch nicht zu sagen.

Am 3. August 2020 erschien dann passenderweise ein kurzer Beitrag mit Foto in der *Glückstädter Fortuna* zu Görris:

„GLÜCKSTADT/ WILSTER Diese Gelddose aus Messingblech ist aufwendig gestaltet mit eingepressten Darstellungen. Auf einem Bild ist zu sehen, wie sich ein Brautpaar die Hand reicht, während die anderen Hände zu einem Bund verbunden sind. Weitere Motive zeigen Tauben und ein flammendes Herz. Die Gelddose schenkte Witwe Görries aus Wilster dem Detlefsen-Museum bereits 1894. cr [Christine Reimers]“

Ob dies vielleicht die Schwiegermutter von Emma Görris oder doch eine ganz andere Familie war?

Christine Berg

Emilie Hansen, geb. Nissen

Auch im Innenhof bzw. Garten des Glückstädter Detlefsen-Museums gibt es Grabsteine, darunter eine Grabplatte von Roen und mehrere ältere Steine oder Bruchstücke von Grabsteinen. Auf dem Familiengrabstein der Eheleute Hansen steht:

Hier ruht
Rector D. Hansen,
geb. d. 24. Sept. 1827,
gest. d. 3. Mai 1903.
Emilie Hansen
geb. Nissen,
geb. d. 3. Juli 1830,
gest. d. 19. Nov. 1919.

Beide sind nicht im Zensus des Jahres 1835 auszumachen. Und bislang konnte ich die Eheschließung noch nicht recherchieren; zumindest für Glückstadt sind beide nicht eingetragen.

Der Grabstein im Garten des Glückstädter Detlefsen-Museums, aufgenommen im Mai 2018. (Foto: Christine Berg)

In den Sterberegistern für Glückstadt konnte ich lediglich die Daten verifizieren: „Der Rektor a.D. Detlef Hinrich Hansen zu Glückstadt, 75 Jahre alt, evang.-luth. 1903" und „Die Rentnerin Anna Johanna Emilie Hansen, geb. Nissen zu Kiel am 19.11. gestorben. Witwe des Rektors Detlef Hansen."

Christine Berg

Cathrina Klüver

Im Herbst 2019 konnte ich auf einer einschlägig bekannten Internet-Auktionsbörse zwei Silbertauflöffel erstehen. Es sind massive Silberlöffel aus der Werkstatt des D.[iederich] tho Aspern (22.10.1806 bis 1888) in Glückstadt. Im Jahr 1835 war der Wohnsitz von tho Aspern in der Cremperstr. Nr. 107, 2. Stockwerk, 2. Familie (heute: Große Kremper Straße 16). Er war dort als lediger „Gold und Silberarbeiter" registriert. Wo er gearbeitet hat oder später seine Werkstatt hatte, muss ich noch recherchieren. Vermutlich unter der gleichen Adresse.

Im gleichen Jahr wurde die 19-jährige Dorothea Elisabeth Krumstroh[1] (geb. 1816) ebenfalls unter der Adresse Cremperstr. Nr. 107, 2. Stockwerk (heute: Große Kremper Straße 16) registriert. Sie wurde im Zensus von 1835 als „ledig" und trotzdem „seine Frau" dokumentiert, wobei in der Online-Datenbank kein Zusammenhang zu erkennen ist.

Angeblich heiratete tho Aspern sie am 4.11.1834. In den Copulationsregistern für Glückstadt konnte ich den Eintrag bislang nicht nachweisen, die Heirat erfolgte vielleicht in Lüneburg oder einer anderen Stadt im Norden.

Bereits im Jahr 1803 war bei der Volkszählung unter der damaligen Adresse Große Cremper Straße 107 (heute: Große Kremper Straße 16) der Haushalt des 30-jährigen Hausvaters und Goldschmieds Franz Peter Krumstroh[2] (geb. 1773) zu finden. Verheiratet war er mit der gleichaltrigen Anna Metta Elisabeth Lohrmann (geb. 1773) und das Ehepaar hatte in dem Jahr den kleinen Sohn Johann Martin Krumstroh (3, geb. 1800).

---

1 Quelle unter www.danishfamilysearch.com/cid3478380.

2 Siehe dazu www.danishfamilysearch.com/cid1999100.

Mit Haushalt wurden der ledige Geselle Georg Friedrich Krumstroh[3] (29, geb. 1774) und der ledige Lehrbursche Peter Strüven (18, geb. 1785), der später auch dieses Handwerk ausübte und von dem es Silberware gibt, sowie das unverheiratete Dienstmädchen Caroline Meyer (20, geb. 1783) dokumentiert.

Der Löffel hat eine Länge von circa 22,5 cm und wiegt 45 Gramm. Er trägt das markante Friesische Muster auf dem Stiel der Vorderseite und mit rückseitiger Inschrift, die längs des Löffelstiels läuft:

Cathrina Klüver 1861.

D. THO ASPERN und die Fortuna (für Glückstadt)

Im Fachjargon spricht man hier von einer Gravur auf der Oberseite des violinförmigen Stielendes: Aus drei Voluten bildet sich eine leicht asymmetrische Kartusche und ist umgeben von floralem Dekor. Im Detlefsen-Museum befindet sich ein Esslöffel ähnlicher Machart von tho Aspern aus dem Jahr 1860.

Trotz intensiver im Kirchenkreisarchiv in Wrist konnte ich zumindest für Glückstadt keinen Eintrag in den Taufregistern mit dem Nachnamen Klüver finden. Die Tochter kann ja auch in der Umgebung geboren worden sein und der Tauflöffel wurde in Glückstadt gefertigt und erworben. Auch für Kollmar, Beidenfleth, Borsfleth, Brokdorf, Krempe oder Wewelsfleth z. B. habe ich keine Einträge finden können. Im Kirchspiel Herzhorn gibt es den Nachnamen Klüver in den 1840-1860ern, aber leider keine Cathrina.

---

3 Zu den Goldschmiedegenerationen und –familien siehe bei Wolfgang Scheffler: *Goldschmiede Niedersachsens: Daten, Werke, Zeichen* (in 2 Bänden: *Erster Halbband: Aerzen - Hamburg | Zweiter Halbband: Hameln - Zellerfeld*), Berlin: Walter de Gruyter & Co., 1965. Hier Band 1 auf Seite 929 und zu Dorothea auf Seite 934.

Ansichten des Löffels von Vorder- und Rückseite.
(Fotos (3): Christine Berg)

Die Tauflöffel, die oftmals auch mit 1 bis 2 Glasfluss-Steinen, meist roter Farbe, versehen waren, wurden zur Taufe eines Babys gefertigt bzw. erworben. Auf den von mir erstandenen Löffeln sind die Mädchennamen rückseitig oben am Griff eingraviert. Die Löffel befinden sich in meinem Eigentum (Stand Sommer 2021).

Christine Berg

Elise Kühl und ihre Mutter Anna Kühl, geb. Schmidt

Zum Nachnamen Kühl konnte ich im Sommer 2020 zwei Porträtfotos erstehen; selten genug, dass auf den Rückseiten Namen oder weitere Angaben stehen. Was für ein Glück hatte ich, um mit den Namen weiter recherchieren zu können!

Zum einen ist es eine gut erhaltene CdV[1], die im Photographischen Atelier C. J. Schweim, Am Hafen 19, entstanden ist. Es ist eines der ältesten Fotostudios in Norddeutschland, das sich bis heute noch im Familienbesitz befindet. Gegründet wurde das Fotostudio im Jahr 1878 von Claus-Jakob (C. J.) Schweim in Glückstadt, zuerst wohl Am Fleth 177 (heute: Am Fleth 41+42). Seit 1886 war es in Uetersen ansässig.

Auf der Rückseite ist mit Bleistift vermerkt: „Elise Kühl aus Glückstadt". Das bedeutet, dass es vor dem Jahr 1886 aufgenommen wurde und Elise Kühl vielleicht 17 bis 22 Jahre alt war, als das Foto entstand. Vermutlich war sie dann unverheiratet und sehr wahrscheinlich die Cousine der Schreiberin (?) und somit Tochter von Anna und Detlef Kühl. An der linken Hand ist kein Ring zu sehen, die rechte Hand ist verdeckt, Kühl scheint der Mädchenname zu sein. Sie lehnt sich auf eine Art Sofa, das zur Requisite in C. J. Schweims Atelier gehörte.

---

1 Als Carte de Visite (Abkürzung CdV) bezeichnet man eine auf Karton fixierte Fotografie im Format von ca. 6x9 cm. Ab ca. 1860 wurde die Carte de Visite sehr populär und trug wesentlich zur Verbreitung der Fotografie bei. Nach 1915 ist sie nur noch sehr vereinzelt zu finden.

Links ist Elise Kühl zu sehen. Rechts ist die Rückseite der CdV: Dass C. J. Schweim diese Art von Rücken benutzte, ist mir erst einmal untergekommen. Vielleicht ist es ein Frühwerk und Schweim setzte lediglich einen Stempel auf die gelbe Fotokarte in Ermangelung von vorgefertigten Atelier-Kartons. (Repro/Fotos (2): Christine Berg)

Zum anderen ist es ein Kabinettfoto von Mehlert in der Größe 17x11 cm. Unter der Adresse Am Hafen 19 gab es später Wilhelm Mehlert, der in Kiel im Jahr 1893 prämiirt (sic) wurde. Sein Studio hieß Atelier für Photographie.

Auf der Rückseite ist mit Bleistift und gleicher Handschrift vermerkt: „Onkel Detlef Kühl aus Glückstadt u[nd] Tante Anna, geb. Schmidt, Schwester meiner Mutter Elise Martens, geb. Schmidt“. Da das Studio

Mehlert 1893 prämiert wurde, muss die Aufnahme nach diesem Jahr entstanden sein. Das Ehepaar blickt wirklich streng in die Kamera. Anna Kühl hält ein Buch in den Händen, die linke Hand von Detlef Kühl wirkt sehr groß und grob, sein Blick ist schon fast finster zu nennen. Dies waren meine Ausgangsquellen und -informationen sowie Eindrücke, mit denen ich dann nach Wrist fuhr.

Anna und Detlef Kühl aus Glückstadt.
(Repro/Foto: Christine Berg)

Im Kirchenkreisarchiv in Wrist konnte ich nach längerer Suche im Taufregister des Jahres 1876 für Glückstadt folgenden Eintrag finden: „22. März / 7. Mai Heinrich Detlef Kühl des Schmieds Detlef Kühl an der Chaussee in der Blomeschen Wildniß u. der Anna geb. Schmidt
Gev. 1, Johann Lembke 2, Marons [?] Körner 3, Johannes Poggensee"

Dies hörte sich schon mal sehr danach an, dass es das betreffende Ehepaar des Fotos sein könnte bzw. muss. Sohn Heinrich Detlef ist also am 22.3.1876 geboren worden. Seine Anfangsbuchstaben sind in ausschweifenden Majuskeln kalligrafiert.

Ich bin dann noch etwas weiter zurückgegangen, um Elise zu finden. Im Taufregister des Jahres 1869 konnte ich zunächst eine Emma finden: „23. April / 29. Mai Emma, ehel. Tochter des Schmiedts Detlev Kühl an der Chaussee (Blomsche Wildniß), und der Anna geb. Schmidt alt 36 Jahr.
Gev. 1, Elisabeth Siesenbüttel 2, Christine Schmidt 3, Christina Heffker"

Daraus ließ sich schon einmal schließen, dass die Mutter Anna im Jahr 1833 geboren wurde und der Sohn Heinrich Detlef auf die Welt kam, als sie schon 43 Jahre alt war. Und der Vater Detlef war demnach Schmied von Beruf, was gut zur Größe und Wuchtigkeit seiner linken Hand passen würde.

Im Taufregister des Jahres 1866 konnte ich danach einen weiteren Sohn finden: „4. / 25. November Friedr. Wilhelm, des Schmiedes an der Chaussee in der v. Blomeschen Wildniß Detlev Kühl und Anna, geb. Schmidt, 33 J alt, ehelicher Sohn.
Gev. 1, Friedrich Schmidt 2, Hinrich Hefke 3, Hermann Eilk."

Nach intensiver Suche in den handschriftlich verfassten Namensregistern bin ich schließlich für das Jahr 1863 auf Elise gestoßen: „23. Juni / 6. Juli Elise, des Schmiedes an der Chaussee in der v. Blomeschen

Wildniß Detlev Kühl und Anna, geb. Schmidt, 29 J alt, eheliche Tochter
Gev 1. Anna Schmidt 2. Margaretha Kruse 3. Doris Poppe"

Wunderbar, wenn man zu einem Foto bzw. hier zweien eine Familie zusammenstellen kann. Weitere Kinder habe ich nicht recherchiert, auch keine Sterbedaten angesehen. Und leider konnte ich trotz intensiver Suche keinen Eintrag im Heiratsregister Glückstadt finden. Ob Detlef und Anna Kühl vorher anderswo geheiratet haben und in die Blomesche Wildnis gezogen sind, weil vielleicht eine Schmiedestelle zu vergeben war, kann ich nur vermuten und muss ich später weiterrecherchieren. Im Jahr 1862 hat eine Doris Schmidt einen Claus Poppe geheiratet. Ob diese auch eine Schwester, und daher Taufpatin der Elise, von Anna gewesen sein könnte, wäre ein weiterer Strang, den man verfolgen könnte.

Zum Schluss fand ich dann noch den Eheeintrag von Elise, und zwar für das Jahr 1887: „16. April der Schiffer Claus Schlüter in der Engelbrechtschen Wildniß ehel. Sohn des Käthners Johann Schlüter und Gesche geb. Voigt geb. den 24 Sept 1862 mit Elise Kühl ehel. T. des Schmiedes Detlef Kühl und Anna, geb. Schmidt geb. 23. Juni 1863 zu Bl. Wildniß an der Chaussee
Beide ev. [?] Conf."

Trotz intensiver Suche in den Namensregistern konnte ich den Heiratseintrag von Elise Martens, geb. Schmidt, nicht finden. Die Vermutung liegt nahe, dass sie im engeren oder weiteren Umland von Glückstadt gelebt haben. Die Fotos waren ja Erinnerungsstücke für Zeiten, als man sich nicht so oft sah und traf.

Christine Berg

Maria

Bislang ohne Nachnamen ist eine junge Schülerin mit dem Vornamen Maria. Die Widmung auf der Rückseite liest sich wie folgt: „Meiner lieben Grete von Ihrer Maria". Datiert ist die mit Tinte und in gut lesbaren lateinischen Buchstaben verfasste Zeile mit dem 20.9.1906.

Vorder- und Rückseite der im Photoatelier von Wilhelm Mehlert aufgenommenen Carte de Visite, die auf dunklen Karton aufgezogen wurde. Schriftzug und florale Dekore erinnern an den Jugendstil. Die Rückseite ist tatsächlich dunkler im Original. Diesen Dekorstil fand ich bislang noch nicht so oft. (Repro/Fotos (2): Christine Berg)

Das Foto wurde bei Wilhelm Mehlert, Am Hafen 19, der in Kiel im Jahr 1893 prämiirt (sic) wurde, aufgenommen. Sein Studio hieß Atelier für Photographie. Maria trägt (vermutlich) eine Schuluniform bzw. – bluse und schreibt mit einem Bleistift – andeutungsweise. Sie zeigt sich ganz vertieft in Lerneifer. Vor ihrer linken Hand liegt ein Foto als Vorbild, schemenhaft ist eine junge Frau bzw. ein Mädchen in ähnlicher Haltung zu erkennen.

Dass diese CdVs[1] verschenkt wurden, vor allem als Erinnerungsstücke, ist bekannt. Dass es scheinbar einen Austausch von CdVs schon zwischen Schüler*innen gab, ist mir bislang noch nicht untergekommen. Dies kann auch eine irrige Annahme sein. Die gestreifte Bluse kann auch privater Natur sein. Aber vielleicht wurden Fotos zur Schulentlassung oder zur Konfirmation ausgetauscht.

Maria scheint zwischen 13 und 15 Jahren alt zu sein. Dann wäre sie in der Zeit von 1890 bis 1892 geboren. Und Grete war vermutlich eine gute Freundin oder Schulkameradin, eventuell sogar ihre Schwester oder eine Cousine.

Christine Berg

---

1 Als Carte de Visite (Abkürzung CdV) bezeichnet man eine auf Karton fixierte Fotografie im Format von ca. 6x9 cm. Ab ca. 1860 wurde die Carte de Visite sehr populär und trug wesentlich zur Verbreitung der Fotografie bei. Nach 1915 ist sie nur noch sehr vereinzelt zu finden.

Emilie Petersen

Lange Zeit habe ich mir immer wieder eine wunderschöne Theatertasche auf einer Internet-Auktionsbörse angesehen und mich schließlich im Spätherbst 2018 entschlossen zuzuschlagen. Diese Art déco Theatertasche oder Kettentasche ist aus 800er Silber und wurde im Jahr 1909 graviert für eine Emilie Petersen aus Glückstadt. Mehr konnte ich bislang nicht recherchieren, aber vielleicht wissen Sie als Leserin oder Leser mehr über diese Dame und können Licht in die Familie bringen. Wurde ihr die Tasche in jungen Jahren oder eher im gesetzten Alter geschenkt? Oder eben einfach als wertvolles Weihnachtsgeschenk von einem Ehemann oder den Eltern? Wurde die Tasche in Glückstadt gefertigt oder zumindest von einem Juwelier von hier feil gehalten?

Folgende Angaben finden sich weiterhin: im Bügel sind gepunzt 800, CH, Halbmond und Krone; die Gravuren sind: Weihnachten 1909, Emilie Petersen Glückstadt. Inzwischen ist die Tasche mit Patina bezogen, eine Zierkugel fehlt, an 3 Stellen fehlen einzelne Kettenglieder. Die Bügellänge beträgt 15 cm, die Taschenhöhe ab Verschluss 13 cm. Es gibt altersbedingte Gebrauchsspuren. Das war der Stand bis zum Sommer 2020.

Bis zum Juli 2020 hatte ich nur die o.a. Informationen, wie sie mit den Fotos in *Fortunae Band 3* auf den Seiten 135-136 publiziert worden sind, und überlegte nach wie vor, wie ich hier weiter hätte vorgehen können. Ja, bis ich dann einen Anruf der Nachfahrin Annette Drummen erhielt. Diese hält eine zweite Silbertasche aus dem Familienbesitz ihrer Mutter Heike Lindenberg, gebürtige Glückstädterin mit Mädchennamen Petersen, in den Händen und war über Internetrecherche auf mich gestoßen. Ende Juli 2020 fand dann ein familiäres Treffen mit mir in Glückstadt statt, bei dem ich sehr viel mehr über diese alteingesessene Familie erfuhr.

Die hier gezeigte linke Theatertasche von Emilie Petersen befindet sich im Eigentum von Christine Berg (Stand Sommer 2021). Die rechte Silberhandtasche gehörte Marie [Marianne] Petersen, der Schwägerin Emilies und ist im Eigentum der Familie Drummen.
(Fotos (2): Christine Berg)

Die Familie hat nicht nur viele Fotos in ihrem Besitz und Eigentum, sondern auch handschriftliche Inventarlisten, Adressbücher, Rechnungshefte, Ausgaben- und Mieteinnahmenlisten, Bank-Wechsel und Bürgschaften, Zeugnisse, Urkunden und Dokumente, Zeichnungen, Stammbücher, Briefwechsel und vieles Spannendes mehr.

Viele Glückstädterinnen und Glückstädter können sich bestimmt noch an das Geschäft E(mil) Petersen Nachf. Inh. Georg Augustin erinnern, das Am Fleth zu finden war. In dem Buch „Alt-Glückstadt in Bildern, Band 1" sind auf den Seiten 70-74 Hinweise und alte Postkarten zu finden, die dieses Haus in seinen Veränderungen zeigen.

Das Geschäft E(mil) Petersen Nachf. Inh. Georg Augustin, Am Fleth in Glückstadt

(Repro/Foto: Annette Drummen)

Nachfolgend habe ich die vielen Puzzle-Teile aus den mir zur Verfügung gestellten Dokumenten und Fotos zusammenbringen können; und wie immer mithilfe des Kirchenkreisarchives des Kirchenkreises Rantzau-Münsterdorf in Wrist und neuerdings auch digital ergänzen können.

Diese zweite Silbertasche gehörte Marie [Marianne] Petersen, der Schwägerin Emilies, und vermutlich gibt es eine dritte Silbertasche, wie handschriftliche Inventarlisten erahnen lassen, die der Schwester namens Elwine Petersen, verh. Hets, gehörte.

Leider ist über die Herstellung, den Juwelier oder Erwerb nichts weiter bekannt geworden. Auch ließe sich nur überlegen, dass vielleicht der Bruder, Sanitätsrat Hugo Petersen, der nach Berlin ging, beiden Schwestern und seiner Ehefrau Marie diese Silbertaschen schenkte.

Doch der genealogisch-chronologischen Reihenfolge nach, soweit bekannt … …

Generation 1) Einer der Ahnherren war der Schiffskommandeur Joachim Voss. In der Glückstädter Volkszählung aus dem Jahr 1803 ist er mit seiner Familie bzw. dem Haushalt zu finden.[1]

Der Hausvater 51-jährige Jochim Voss (geb. 1752) hatte dazu Landbau und war mit der 18 Jahre jüngeren Metta Bühsen [Byhsen] (dann 33 Jahre alt, geb. 1770) in erster Ehe verheiratet. Die drei jüngeren Kinder waren Anna (9 Jahre alt, geb. 1794), Wiebcke (7 Jahre alt, geb. 1796) und der dann Jüngste Jochim (4 Jahre alt, geb. 1799). Die beiden ledigen Dienstmädchen Lena Brammann (17, geb. 1786) und Anna Struckmeier (14, geb. 1789) waren ebenfalls unter der Adresse Am Rhyn 167 (heute: Am Neuendeich 3, Gravert Nr. 276) registriert.

Generation 2) Die zweite Tochter Wiebcke Voss (1796-1863) ehelichte Jacob Löbbe (1797-1873).

Generation 3) Wiebcke Voss und Jacob Löbbe hatten, soweit bekannt, drei Kinder: Heinrich (1827-1902), Elwine Friederike Mathilde (4. Juli 1832-16. April 1916 (Palmsonntag)) und Jacob Ferdinand (1830-1850).

Heinrich Löbbe ehelichte Maria Margareta Carlsen (1836-1921). Das Ehepaar wanderte nach Buenos Aires aus; und noch heute haben die Nachfahren dort Kontakt nach Deutschland.

Da Jacob Ferdinand jung starb, hatte er keine Familie gründen können.

Elwine Löbbe ehelichte Emil Georg Karl Christian Petersen.

Generation 2) Die Eltern von Emil Petersen waren Karl Friedrich Petersen und Maria Christina Wilhelmine, geb. Demuth. Maria Dorothea Karolina Petersen (1832-4. Januar 1910) war seine ledig gebliebene Schwester, deren Sterbeurkunde im Familienbesitz ist.

---

1 Siehe dazu www.danishfamilysearch.com/cid2004199.

Generation 4) Elwine und Emil Petersen (geb. 20. März 1825), der Kaufmann war, lebten in Glückstadt unter der Adresse Am Fleth 35 und hatten ein gutes Einkommen bzw. waren durchaus vermögend nach damaligen Verhältnissen. Sie führten ursprünglich das Modewaren- und Textil-Geschäft E(mil) Petersen, später firmiert unter E. Petersen Nachf. Inh. Georg Augustin (und weiteren Inhabern).

Im Sterbe(Beerdigungs)register Glückstadt des Jahres 1885 fand ich dann für den 13. / 16. Oktober den Eintrag: „Der Rentner Emil Georg Carl Christian Petersen hieselbst 60 Jahr alt. Sohn des weiland Kaufmann Karl Friedrich Petersen zu Oldesloe und der Maria Christina Wilhelmine, geb. Demuth. Hinterläßt seine Ehefrau Friederike Alwine geb. Löbbe und aus dieser Ehe 2 Söhne und 2 Töchter. Der Verstorbene war geboren zu Schenkenberg Kreis Lauenburg.“ Emil Petersen ist also einige Monate nach seiner jüngsten Tochter Minna gestorben. Ob dies in Zusammenhang stehen könnte, lässt sich heute nicht mehr herausfinden. Eine Todesursache ist auch bei Emil Petersen nicht vermerkt.

Wo die beiden geheiratet haben, konnte ich bislang nicht recherchieren. Vielleicht war es in Oldesloe, dazu werde ich später noch verschiedene Archive befragen. Das Ehepaar ließ das Wohnhaus Am Fleth 35 entwerfen und bauen. Auch zu Architekten und bauausführenden Firmen lässt sich bestimmt noch einiges erforschen.

Das Ehepaar hatte sechs Kinder:

Adolph Petersen (10. Juni 1859-12. Juni 1930), Kaufmann

Emilie Sophia Maria Petersen (19. Oktober 1862-3. Januar 1950), die Am Hafen 40 wohnte und zeitlebens ledig blieb. Sie hatte wohl eine ausgeprägte Persönlichkeit und war, wie man es damals nannte, ein „Hausdrache“ (so berichtete mir die Familie), also eine durchaus nicht ganz einfache und zugängliche Person. Vielleicht war oder fühlte sie sich einfach einsam.

Familienfoto im Garten des Wohnhauses Am Fleth35: links Elwine Regine und Albert Hets sen., Elwine Petersen, (f ??), Albert Hets jr., Hugo Petersen, hinten (f ??), ganz rechts Dienstmädchen (??). (Repro/Fotos (2): Annette Drummen)

Elwine Petersen hier auf einem Foto von Wilhelm Mehlert, vermutlich mit den Enkeln Wolfgang und Elwin, Söhne von Hugo und Marie Petersen Berlin (Repro/Fotos (2): Annette Drummen)

Ernst Nicolaus Hugo Petersen (14. Oktober 1864-11. November 1944), der als Sanitätsrat Dr. med. in Berlin wirkte und Wilhelmine Sophie Marie Zippel (27. April 1868-18. Januar 1958) am 10.12.1901 in Glückstadt ehelichte. Sie hatten drei Söhne (Wolfgang, Elwin und Walter J. G.).

Elwine Regine Auguste Christine Petersen (23. September 1866-23. Juni 1928), die Albert Hets ehelichte.

Julius Petersen (28. Juli 1868-25. Mai 1887), Gutsinspektor, der jung starb und keine Familie gründen konnte.

Minna Petersen (26. August 1875-14. Mai 1885), die als Kind im Alter von gut 9 Jahren sehr jung an Diphtherie starb. Im Beerdigungsregister von 1885 stehen weiterhin die Vornamen Henriette Friederike Justine.

Die Familie besitzt ein Foto aus dem Photoatelier C. J. Schweim, Am Fleth No. 177, Glückstadt, betitelt mit Cabinet-Portrait, das drei Mädchen in nachkolorierten Kleidern und mit nachkolorierten Sträußen und Haarkränzen zeigt. Auf der Rückseite sind folgende Hinweise zu finden, die nach 1885 geschrieben sein müssen:

„Zum Andenken
an das Kaiser-Manöver in Itzehoe 1881
3 Glückstädter Mädchen überreichten
dem Kaiser Wilhelm I, dem Kronprinzen Fr.
und der Kronprinzessin Victoria Blumen=
[s]träusse. Gekleidet in den Schleswig=Holsteini=
schen Landesfarben.
Blau – Marie Struve
Weiss – Henny Trede
Roth – Minna Petersen
geb. am 26 August 1875
gest. am 14 Mai 1885"

d.h. Minna Petersen war dann ca. 6 Jahre alt.

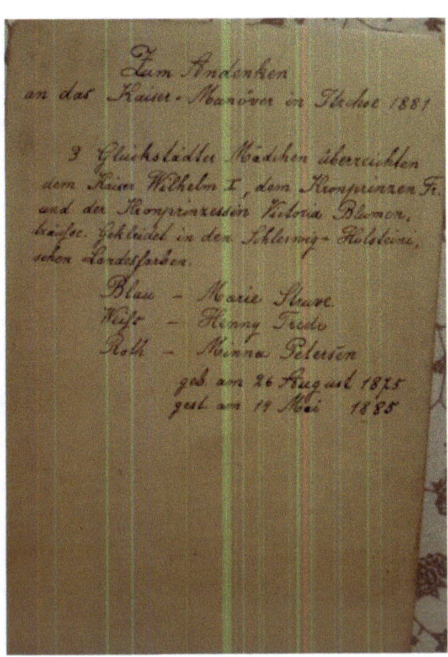

Zum Andenken
an das Kaiser-Manöver in Itzehoe 1881

3 Glückstädter Mädchen überreichten
dem Kaiser Wilhelm I, dem Kronprinzen Fr.
und der Kronprinzessin Viktoria Blumen,
bräuse. Gekleidet in den Schleswig-Holsteinischen Landesfarben.

Blau – Marie Struve
Weiß – Henny Trede
Roth – Minna Petersen

geb. am 26 August 1875
gest. am 14 Mai 1885

(Repro/Fotos (2): Annette Drummen)

Generation 5) Hugo und Marie Petersen hatten drei Söhne (Wolfgang, Elwin und Walter J. G.).Walter J. G. Petersen ehelichte eine Maria.

Elwine und Albert Hets hatten einen Sohn Albert Hets jr. stud. jur.

Generation 6) Das Ehepaar Maria und Walter Julius Günter Petersen bekam dann die Kinder Heike, Wiebke Karin (verh. Seeliger) und Jens-Uwe.

Generation 7) Heike (verh. Lindenberg) und ihre Tochter Annette sowie deren Ehemann besuchten mich dann Ende Juli 2020 in Glückstadt.

Diese vorstehenden Angaben erhielt ich von Annette Drummen.

Zu Generationen 1) und 2): Im Copulationsregister von 1836 fand ich zur ältesten Tochter Anna Voss folgenden Eintrag: „15. Mai der Buchdrucker Wilhelm Augustin hieselbst, des Buchdruckers Johann Wilhelm Augustin hieselbst und Sophia Friederica geb. Lähndorf ehel. Sohn mit Anna Margareta Christina Voß am Rhin, des wail. Jochim Voss und Metta geb. Büsen am Rhin im C. R. [?] ehel. Tochter."

Die zweite Tochter Wiebcke Voss ehelichte Jacob Löbbe 1823. Im Copulationsregister von 1823 fand ich folgenden Eintrag: „10. Mai der Junggesell Jacob Löbbe, vormals hieselbst, seit kurzem Schiffscapitain in Hamburg, des Jacob Löbbe, Loot[senmaadurs ???] in Rendsburg u. wail. Anna geb. Schramm ehel. Sohn mit Jungfer Wiebke Voß, des wail. Jochim Voß am Rhin und Metta geb. Büsen ehel. Tochter." Anna Schramm und Jacob Löbbe, die Eltern, haben im Jahr 1795 in Glückstadt geheiratet.

Von daher ist es erklärlich, dass Wilhelm Augustin der Schwager von Jacob Löbbe war; er hatte damals eine Bürgschaft für Heinrich Löbbe ausgestellt. Wilhelm Augustin leitete die Druckerei von 1852-1874 und starb 1901.

Wer ist „Großmutter Augustin" auf dem Foto des Photographen Flemming? Diese Frage beschäftigte uns alle. Sehr wahrscheinlich ist es die Ehefrau von Wilhelm Augustin und das Foto vermutlich in der Zeit 1870/1875 entstanden. Somit könnte es Anna Margaretha Christine Augustin, geb. Voss, geb. 1794, sein. Vielleicht ist es sogar im Jahr 1874 entstanden, als Wilhelm Augustin das Geschäft an beider Sohn Jakob Johann übergab. Oder zum 75. Geburtstag, dann wäre es 1869 aufgenommen worden, was zur Mode passen würde. Beachtlich ist, dass Wilhelm Augustin, der am 4. Juli im Jahr 1809 geboren wurde, somit 15 Jahre jünger war als seine Ehefrau. Beider Sohn Jakob Johann wurde im Jahr 1840 geboren, da war Anna Augustin bereits 46 Jahre alt.

(Repro/Fotos (2): Annette Drummen)

Viele Fragen haben sich aus diesen ganzen Angaben und Fotos ergeben, manche Hinweise mögen zufällige Ähnlichkeiten aufweisen, manche Verbindungen laufen ins Leere oder bedürfen noch einer vertieften Recherche. Hier sind einige Frageansätze:

Es gab eine Alwiene Petersen[2] als Dienstmädchen bei Augustin, bestehen familiäre Zusammenhänge? Es gab zur Zeit der Volkszählung im Jahr 1835 einen Buchbinder Carsten Petersen[3] Am Fleth 34, aber keinen Emil Petersen. Ist Alwiene vielleicht dessen Tochter? Da es

---

2 Siehe zum Haushalt von Augustin (Alt „Fleth 97" heute: Am Fleth 36) unter www.danishfamilysearch.com/cid3476888.

3 Siehe zu seiner Familie (Unklar, ob alt oder neu „Am Fleth 34" zwei Häuser weiter war?) unter www.danishfamilysearch.com/cid3487821.

(vermutlich) Nachbarn zu Augustins waren, besteht die Möglichkeit, dass hier Verflechtungen entstanden sind. Gibt es auch hier weitere Verknüpfungen? War Carsten ein Onkel vom Emil? Wie und warum kam Emil Petersen nach Glückstadt? Wo lernte er Elwine kennen? In Hamburg?

Ergänzend kamen folgende Fragen auf: Wo lebten Löbbes? Woher kamen sie? Auch diese Fragen konnte ich mir teilweise beantworten, ohne dass ich hier in die Tiefe einsteigen wollte, da es den Rahmen dieses Eintrags sprengen würde. Für das Jahr 1803 sind im Zensus gleich vier Jacob Löbbes zu verzeichnen, von denen die drei älteren Schiffer (und Witwer) und Lotsen waren. Ebenso war ein Johann Löbbe Lotse.

Jacob Löbbe junior kommandierte u.a. die Schiffe „Rio de Janeiro" und „Ariadne" sowie die Godeffroy-Bark „Henriette von Hamburg"; vermutlich alle von Hamburg aus.

Joachim Voss kommandierte das Schiff „Prinz Carl" circa von 1790 bis 1799 und das Schiff „Christian VII" von 1800 bis 1806. Die Auflistungen sind gut bei Wanda Oesau[4] nachzulesen. Sie schreibt und zitiert auch auf Seite 155, dass das Schiff „Christian VII" am 27. Februar 1806 bei einem sehr heftigen Orkan auf der Elbe vor Glückstadt „vor dem Hafen verunglückte". Mehrere Schiffe wurden völlig zerstört, abgetrieben oder zerschlagen und wohl 13 Menschen kamen ums Leben. Der kleine Sohn von Joachim Voss (dies kann nur der Jüngste Jochim (dann 7 Jahre alt, geb. 1799) gewesen sein) bat seinen Vater wohl, ihn in einer Schaluppe an Land zu bringen, da es ihm auf dem Schiff gruselte. Dies rettete wohl sein Leben.

Aus dem Familienbesitz finden sich folgende Beispiele für handschriftliche Dokumente.

---

4 *Schleswig-Holsteins Grönlandfahrt auf Walfischfang und Robbenschlag vom 17. bis 19. Jahrhundert*, 1935, Glückstadt: J.J. Augustin.

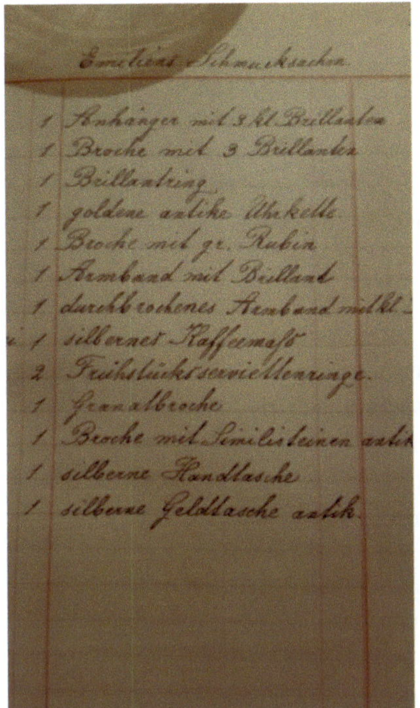

Emiliens Schmucksachen

1 Anhänger mit 3 kl. Brillanten
1 Broche mit 3 Brillanten
1 Brillantring
1 goldene antike Uhrkette
1 Broche mit gr. Rubin
1 Armband mit Brillant
1 durchbrochenes Armband mit kl. [illegible]
1 silbernes Kaffeemaß
2 Frühstücksserviettenringe
1 Granatbroche
1 Broche mit Simillisteinen antik
1 silberne Handtasche
1 silberne Geldtasche antik.

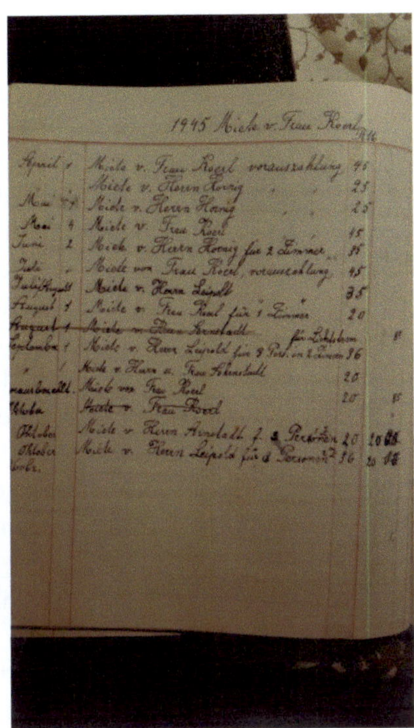

1945 Miete v. Frau [illegible]

April 1	Miete v. Frau [illegible] vorauszahlung	45	
	Miete v. Herrn [illegible]	25	
Mai [illegible]	Miete v. Herrn [illegible]	25	
Mai 4	Miete v. Frau [illegible]	45	
Juni 2	Miete v. Herrn [illegible] für 2 Zimmer	[illegible]	
Juli	Miete von Frau [illegible], vorauszahlung	45	
[illegible]	Miete v. Herrn Leipold	35	
August 1	Miete v. Frau [illegible] für 1 Zimmer	20	
~~August 1~~	~~Miete v. Herrn [illegible]~~		
September 1	Miete v. Herrn Leipold für 2 Pers. in 2 Zimmern	36	
	Miete v. Herrn u. Frau [illegible]	20	
[illegible]	Miete von Frau [illegible]	20	
Oktober	~~Miete v. Frau [illegible]~~		
Oktober	Miete v. Herrn [illegible] f. 2 Personen	20	20
Oktober	Miete v. Herrn Leipold für 2 Personen	36	[illegible]

Adressen, Ausgaben und Besitz (links) von Emilie Petersen aufgeschrieben. Mieteinnahmen (rechts) aus dem Jahr 1945 der Untermieter Am Hafen 40, verzeichnet von Emilie Petersen. Frau Leipold hat Seidenstrümpfe repariert und so Geld verdient.
Links zweite Zeile von unten ist die „silberne Handtasche" vermerkt, vermutlicherweise diejenige, die auf Seite 2 dieses Beitrages zu sehen ist.
(Fotos (2): Annette Drummen)

Christine Berg, mithilfe von mündlichen und schriftlichen Quellen der Familien Drummen und Petersen

Elsa Queisser

Im Glückstädter Stadtarchiv, derzeit zum größten Teil im Lentzenweg untergebracht, gibt es viele Aktenordner mit alten Fotos und handschriftlichen Hinweisen zu früheren Einwohnerinnen und Einwohnern sowie unzähligen weiteren Themen aus Glückstadts Geschichte. Werner Wriegt (22.3.1924-5.1.2016), ehemaliger Postmeister Glückstadts und ehrenamtlich tätiger „Magazinmeister" des Archivs, hatte diese vielen Hunderte von Fotos gesichtet, geordnet und auf Kartonpapier fixiert sowie dieses beschriftet, sofern ihm Angaben und Informationen vorlagen. Vor allem in den Ordnern zu „Personen" konnte ich reichlich Bildmaterial zu Frauen finden.

Wunderbarerweise existieren einige Fotos der Familie Queisser/Queißer aus dem Photostudio Wilhelm Mehlert und von Carl Lorenzen. Es ist relativ selten, aus der Zeit Aufnahmen zu finden, wo Porträtierte im Abstand von mehreren Jahren nochmals fotografiert wurden bzw. „auftauchen".

„Oswald Queißer, Manufakturwarenhandlung, Große Kremper Str. 25", diese Angaben sind unter dem Porträt notiert, das im von dem Photostudio Wilhelm Mehlert entstanden ist. Er war Bildhauer und Inhaber eines Geschäftes, wenn man den Angaben glauben darf, die zu den Fotos notiert sind. Geboren wurden er am 25. Oktober 1861 und seine Ehefrau Anna, die Glückstädterin war, am 30. März 1867. Schade, dass es von ihr kein Foto (mehr) gibt.

Im Trau/Heiratsregister Glückstadt findet sich für das Jahr 1887 folgender Eintrag: „10. November Der Bildhauer Gustav Oswald <u>Queisser</u> ehel. Sohn des [...] und Tischlermeisters Eduard Theodor Queisser und Johanna Christiane geb. Neumann geb. 25. Oktober 1861 zu Kieslingswalde Kreis Görlitz, mit Anna Gesche Catharina Juliane <u>Both</u>

ehel. Tochter des Bäckermeister Christian Both hieselbst und der Margaretha geb. Schlüter geb. den 30. März 1867 zu Glückstadt Beide ev. Conf. […]“

Danach erforschte ich das Taufregister und konnte für das Jahr 1888 folgenden Eintrag finden: „9. Sept. / 2. Dez. Otto Christian Theodor, ehel. Sohn des Bildhauers Gustav Oswald Queisser hieselbst und der Anna Gesche Catharina Juliane geb. Both Gevattern 1, Christian Both hieselbst 2, Heinrich Both hieselbst 3, Clara Gollmer in Langenöls“. Diesen Eintrag findet man in gleich zwei Taufregistern für Glückstadt.

Im Beerdigungsregister für das Jahr 1913 konnte ich folgenden Sterbeeintrag ausmachen: „20. November Hamburg 23. November Otto Christian Theodor Queisser zu Hamburg. 25 Jahre alt. Lutherisch. Rede im Hause, Einsegnung […]“

Otto und Ehefrau, scheinen nicht in Glückstadt geheiratet zu haben, vermutlich aber zwischen 1908 und 1913. Unklar ist, woran Otto jung starb. Den Namen seiner Ehefrau konnte ich bislang nicht herausfinden.

(Repro/Foto: Christine Berg)

Hugo Queißer wurde laut Vermerk auf der Rückseite eines Fotos im Jahr 1895 geboren. Elsa Queißer mag vielleicht 1893 bzw. nach 1892 geboren zu sein. Hinweise oder Taufeinträge habe ich bislang nicht gefunden. Das ältere Foto der Geschwister Otto, Elsa und Hugo Queißer ist vermutlich um 1900 – so der Vermerk neben dem Foto – im bzw. von dem Photostudio Wilhelm Mehlert aufgenommen worden. Auch die kleine Elsa hält ein aufgeschlagenes Buch in den Händen, wohl Zeichen für Schulbildung.

Das jüngere Foto im schmalen Querformat der Geschwister Otto, Elsa und Hugo Queißer ist vermutlich um 1910 von dem Photostudio Carl Lorenzen geschossen worden, das gerade für dieses schmale Format bekannt ist.

(Repro/Fotos (2): Christine Berg)

Christine Berg

Auguste, Johanna und Wilhelmine Rehder und deren Mutter Auguste Laura Catharina Borrack

Auf der Suche nach Taufeinträgen im digitalen Kirchenkreisarchiv für den Kirchenkreis Rantzau-Münsterdorf für Glückstadt zum Buchstaben „R" bin ich im Namensregister eher zufällig auf drei Mädchen gestoßen, bei denen ich mich anfangs fragte, ob dies ein Taufeintrag gewesen sei. Aber die Erfahrung lehrt schon beim ersten Anblick, dass es sich um Drillinge gehandelt haben musste.

Zwillingsgeburten, egal ob eineiige oder zweieiige, kommen und kamen auch in Glückstadt ab und zu vor. Aber eine Drillingsgeburt entdeckte ich bei meinen Recherchen eigentlich nicht, tatsächlich bewusst nur in diesem einen Fall.

Und da es sich um drei Mädchen handelte, war es Grund genug, diese in Band 5 aufzunehmen.

Auffällig im Taufregister des Jahres 1859 ist auf Seite 676 ein – naja, wie soll man sagen – dreifaches X-Kreuz. Bei unehelichen Geburten wird in der Regel ein einzelnes X-Kreuz links unter das Geburtsdatum gesetzt, oder auch unter das Taufdatum, sodass man gleich erkennen kann, dass es sich um eine uneheliche Geburt/Taufe handelte.

Diese drei X-Kreuze – für jedes uneheliche Mädchen eines – sind so zusammengestellt oder angelegt worden, dass sich ein Dreier-X-Kreuz ergibt bzw. es so aussieht wie eine Schraffur bestehend aus sechs Strichen.

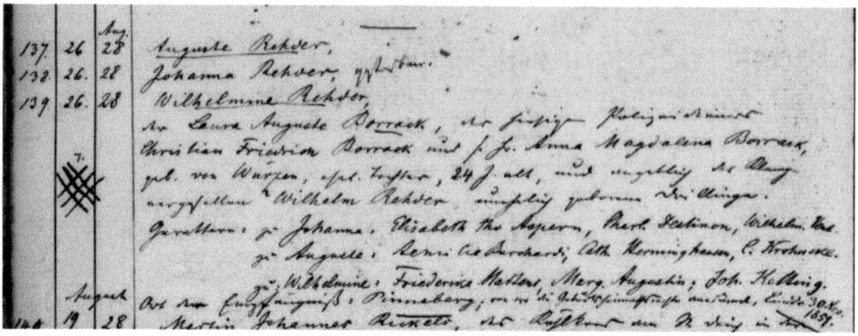

Quelle: Norddeutschland: Landeskirchliches Archiv der Evang.-Luth. Kirche > Kirchenkreis Rantzau-Münsterdorf > Glückstadt > Taufen 1825-1861, Bild 351, Glückstadt_6, www.archion.de, 27.1.2021, pdf-Download

Der Eintrag lautet wie folgt:

„26. / 28. August Auguste Rehder
Johanna Rehder   gestorben
Wilhelmine Rehder
der Laura Auguste Borrack, des hiesigen Polizeidieners [?] Christian Friedrich Borrack und seiner Frau Anna Magdalena Borrack, geb. von Wurzen, ehel. Tochter, 24 J. alt, und angeblich des Klempnergesellen Wilhelm Rehder, unehelich geborenen Drillinge.

Gevattern: zu Johanna: Elisabeth tho Aspern, Charl. Destinon, Wilhelm. Vent.
zu Auguste: Aemilie Burchardi, Cath. Herminghausen, C. Krohncke.
zu Wilhelmine: Friederike Martens, Marg. Augustin, Joh. Kelting.

Ort der Empfängniß: Pinneberg; von wo die Geburt seiner Toechter anerkannt, [?] 30 Nov. 1859."

Die Nachnamen der Gevattern bzw. Gevatterinnen sind nicht ganz unbedeutend bzw. eher stadtbekannt gewesen. Erstaunlich, dass die Tochter oder die (Groß)Eltern diese Gevatterinnen und Gevattern gewinnen konnten.

Bei der Volkszählung von 1835 sind die Eltern der Mutter Laura Auguste Borrack bereits für Glückstadt nachgewiesen. Der Haushalt von Christian Borrack[1] (29, geb. 1806) und Anna von Wørzen [Wurzen/Würzen] (25, geb. 1810) sowie von Friederich Perl (28, geb. 1807) und Heinrich Plehn (26, geb. 1809) lebte unter der Adresse Kirchhoff Nr. 70, 2. Stockwerk, 2. Familie (heute: Am Kirchplatz 18). Damals war der Hausvater ebenso wie Perl und Plehn „Unteroffizier im Activ. Dinst".

Im Jahr 1835 wurde dann ja auch die Tochter Laura geboren. Im Taufregister von Schloss- und Garnison findet sich ein kurzer Eintrag: „10. / 17. Mai Auguste Laura Catharina, des Unteroffiziers Christian Friedrich Borrack und seiner Ehefrau Anna Magdalena geb. von Würtzen eheliche Tochter". Dazu kommen 3 Gevatterinnen und später wurden auch mehrere – mindestens fünf – Jungen, also Lauras Brüder, in die Taufregister von Schloss- und Garnison eingetragen.

Christine Berg

---

1 Siehe unter www.danishfamilysearch.com/cid3478668.

Agnes Hermine Pauline Rose, geb. Margendorff

Im Glückstädter Stadtarchiv, derzeit zum größten Teil im Lentzenweg untergebracht, gibt es viele Aktenordner mit alten Fotos und handschriftlichen Hinweisen zu früheren Einwohnerinnen und Einwohnern sowie unzähligen weiteren Themen aus Glückstadts Geschichte.

Werner Wriegt (22.3.1924-5.1.2016), ehemaliger Postmeister Glückstadts und ehrenamtlich tätiger „Magazinmeister" des Archivs, hatte diese vielen Hunderte von Fotos gesichtet, geordnet und auf Kartonpapier fixiert sowie dieses beschriftet, sofern ihm Angaben und Informationen vorlagen. Vor allem in den Ordnern zu „Personen" konnte ich reichlich Bildmaterial zu Frauen finden. Unbekannt ist, wer überall die Hinweise und handschriftlichen Vermerke getätigt hat.

Wunderbarerweise existiert ein relativ selten zu findendes Kabinettfoto der Größe von ca. 11x16 cm aus dem Atelier für Photographie Wilhelm Mehlert, das eine ganze Familie zeigt, in diesem Fall ein Ehepaar und drei Kinder.

Auf der Rückseite ist Folgendes handschriftlich vermerkt:

„Familie Prof. Hermann Rose
[Stempel] Detlefsenmuseum Glückstadt
Inv.-Nr. 2527
Professor Hermann Rose und Familie"

Frau Rose sitzt auf einem Stuhl und hält die Hand der vermutlich jüngsten Tochter. Die älteste Tochter steht neben dem Vater; und der Sohn, wohl zweitjüngster, sitzt auf einer Art Kinderhocker. Prof. Rose steht im Hintergrund und stützt sich auf den Stuhl seiner Gattin. Alle Personen blicken unterschiedlich in die Kamera oder in die Ferne. Das sind natürlich erst einmal nicht viele Hinweise.

Porträt der Familie Rose aus dem Photoatelier Wilhelm Mehlert (Repro/Foto: Christine Berg)

Ersten Recherchen nach war Prof. Hermann Rose Lehrkraft am Königlichen Gymnasium in Glückstadt, wohl um 1880-1900 herum. In dieser Zeit ist wohl auch das Foto entstanden, vor allem der Mode nach zu urteilen. Seine Dissertation *Der Einfluss Villon's auf Marot* (= Schulnachricht des Gymnasium zu Glückstadt, 45 Seiten) erschien bei Augustin, 1877. Das Nachwort ist komplett auf Latein verfasst, aber aus ihm geht hervor, dass die Dissertation in „Tychopoli“ (Glückstadt) bei Augustin gedruckt wurde und er am Gymnasium tätig war.

Ein Blick ins digitale Kirchenkreisarchiv des Kirchenkreises Rantzau-Münsterdorf brachte dann mehr Licht ins Dunkel. Es gibt einen Taufeintrag für das Jahr 1888: und zwar für den

„1. Mai / 15. Juli Hermann Hans, ehel. Sohn des Gymnasiallehrers Dr. Hermann Carl Theodor Rose hieselbst und der Agnes Hermine Pauline geb. Margendorff
Gev. 1, Frau Gymnasiallehrer Cords in Kulm-We[...]
2, Herr Bäckermeister Johann Margendorff in Greiffenhagen
3, Fräulein Emma Rose daselbst, vertreten durch den Vater der Kinder“

Das bedeutet, dass es der Junge rechts im Bild sein muss.

Ein weiterer Taufeintrag lässt sich für das Jahr 1891 finden: und zwar für den

„25. November 1890 / 7. März 1891 Anna Marie, ehel. Tochter des Gymnasiallehrers Dr. Hermann Carl Theodor Rose hieselbst und der Agnes Hermine Pauline geb. Margendorff hieselbst
Gev. 1, Frau Louise Margendorff aus Greifenhagen in Pommern
2. Frl. Elisabeth Nissen aus Gikau
3, Herr cand. med. Peter Clausen hieselbst“

Sehr wahrscheinlich ist es das Mädchen in dem hellen Kleidchen, das vielleicht 3 Jahre alt ist; sodass sich vermuten lässt, dass das Foto um die Jahre 1893 oder 1894 entstanden ist.

Schließlich konnte ich auch den Taufeintrag des ältesten Kindes finden, und zwar für das Jahr 1883:

„13. Mai / 2. Juni Elisabeth Friederike Louise Emma ehel. Tochter des hiesigen Gymnasiallehrers Dr. Hermann Carl Theodor Rose und der Agnes Hermine Pauline geb. Margendorff
Gev. 1, Pastorin [??] Wilhelmine Hansen hieselbst
2, Louise Margendorff aus Greiffenhagen
3, [Reisefuhrmann??] Robert Rose daselbst"

Bislang konnte ich keinen Heiratseintrag der Eheleute finden, mag sein, dass sie in Greiffenhagen geheiratet haben. Hermann Carl Theodor Rose scheint die Geschwister Emma Rose und Robert Rose gehabt zu haben, die als Gevattern auftraten. Auch Sterberegistereinträge konnte ich bislang nicht ausfindig machen.

Ob die Familie Rose ab dem Jahr 1895 verzogen bzw. Prof. Rose eine andere Stelle angetreten war, muss ich noch herausfinden. Ebenso, wann Prof. Rose seinen Titel erhielt und aus welchem Grund. Spannend ist auch, ob sich Roses in Greiffenhagen kennengelernt hatten bzw. wie die Verbindung der beiden entstanden ist.

Christine Berg

Annette Scharmer, verh. Schwarzkopf

Auf der Rückseite einer CdV von C. J. Schweim, Am Fleth 177 (heute: Am Fleth 41+42), findet man die seltenen Angaben zur Person. Dort ist handschriftlich mit Bleistift vermerkt: „Annette Scharmer, verh. Schwarzkopf, Landweg / Wewelsfleth - Uhrendorf". Leider fehlt ein Datum. Aber diese CdV belegt, dass natürlich auch Familien aus dem Umland zu Glückstädter Fotostudios ging, um Porträtaufnahmen machen zu lassen. Es muss vor dem Jahr 1886 entstanden sein, da Schweim dann nach Uetersen ging. Und es ist Schweims vorherige Adresse, da er dann noch für kurze Zeit Am Hafen 19 sein Photographisches Atelier hatte.

Recherchen im Internet brachten mich zunächst auf Einträge zu den Nachnamen Schwarzkopf, Scharmer und Jungk. Im Kirchenkreisarchiv in Wrist fand ich dann nach längerer Suche den Sterbeeintrag im Register Wewelsfleth von einer Gesche Cäcilie Annette Schwarzkopf. Für das Jahr 1887 las ich Folgendes:

„11. / 14. Mai die Ehefrau Gesche Cäcilie Annette Schwarzkopf in Uhrendorf, geborne Scharmer, ehel. Tochter des Hofbesitzers Jacob Scharmer von der in Landweg, Gemeinde Herzhorn, und der Auguste Agnes geb. Tamling; dort geboren am 27. Oktober 1864. Sie hinterläßt ihren Ehemann Otto Jacob Heinrich Schwarzkopf, Hofbesitzer in Uhrendorf und 2 Kinder: 1. Georg Heinrich, 2. Paula Auguste Cäcilie Annette.
Alter: 22 Jahr 6 Mon. 14 Tage.
Grab: N.K. 25 2. S.
Amtshandlung: Gebet am Grabe."

Vorder- und Rückseite der im Photographischen Atelier von C. J. Schweim aufgenommenen Carte de Visite, die auf hellen Karton aufgezogen wurde. (Repro/Fotos (2): Christine Berg)

Es sind keine weiteren Bemerkungen in diesem Sterbeeintrag zu finden, aber die Vermutung liegt sehr nahe, dass Annette Schwarzkopf bei und nach der Geburt von Paula verstorben ist. Das Register Wewelsfleth brachte dann bei folgendem Taufeintrag Klarheit: „1887 6. / 24. Mai Schwarzkopf, Paula Auguste Cäcilie Annette, des Hofbesitzers Otto Jacob Heinrich Schwarzkopf in Uhrendorf und der Gesche Cäcilie Annette geb. Scharmer eheliche Tochter.
Gev. 1. Agnes Auguste Scharmer 2. Jacob Heinrich Schwarzkopf 3. Gunda Johana Schwarzkopf“

Dies bedeutet, dass Annette Schwarzkopf fünf Tage nach der Geburt der Tochter verstorben ist und die Taufe des Mädchens zehn Tage nach der Beerdigung erfolgt ist. Dies war für die Familie, aus heutiger wie aus damaliger Sicht, bestimmt kein leichtes Unterfangen. Und der Witwer musste den Hof versorgen und dann eben auch zwei kleine Kinder bzw. ein Neugeborenes.

Otto Jacob Heinrich Schwarzkopf ist am 22. Februar 1860 in Uhrendorf geboren worden und starb am 30. März 1899 im Marienkrankenhaus zu Hamburg. Interessant ist sein Sterbeeintrag im Register Wewelsfleth unter der Rubrik „Bemerkungen“:

„Er war ein ehelicher Sohn des wailand Hofbesitzers Hinrich Schwarzkopf in Uhrendorf und der Cecilia geb. Schacht, war in erster Ehe verheirathet mit Gesche Cäcilie Annette geb. Scharmer, aus welcher Ehe 2 Kinder am Leben sind: 1. Georg Heinrich u. 2. Paula Auguste Cäcilie Annette, in zweiter Ehe mit Gretchen Helmine Helene geb. Scharmer, aus welcher Ehe er folgende Kinder hinterläßt: 1. Hinrich 2. Otto Jacob 3. Johannes 4. Rosa Helene 5. Minna“

Das hört sich ja nun wirklich danach an, dass er die Schwester geheiratet hatte. Und in der Tat: Gretchen Helmine Helene wurde am 27. Mai / 22. Juni 1866 geboren. Im Taufregister Herzhorn liest sich folgender Eintrag:

„Gretchen Helmine Helene, des Hofbesitzers Jacob Scharmer am Landweg und der Agnes Auguste geb. Thamling (20 J.) ehel. Tochter (2tes Kind, beide am leben)
Gevattern: Gretchen Lau 2 Helene Thamling in Moorhusen 3 Margaretha Scharmer in Moorhusen“
Diese Ehe wurde am 2. Mai 1890 in Herzhorn geschlossen.

Bei diesen Recherchen war es sehr erschwerend, dass es für Uhrendorf bzw. für die umliegenden Bezirke die Register Beidenfleth, Wewelsfleth und Neuenkirchen gibt, bei denen ich zunächst nicht fündig wurde. Auch Siethwende gibt es jeweils für Süderau und Brokdorf, wo ich zunächst nichts fand. Durch den Sterbeeintrag von Annette Schwarzkopf kam ich dann darauf, dass „Landweg“ ein Ort in der Gemeinde Herzhorn ist, wo ich dann endlich im Taufregister Herzhorn folgenden Eintrag fand:

„1864 27. Octbr / 15. Novbr Gesche Cäcilie Annette, des Hofbesitzers Jacob Scharmer am Landweg und der Agnes Auguste geb. Thamling (19) eheliche Tochter.
Gev: 1. Anna Thamling aus Collmar 2, Gesche Schmidt vom Landweg 3, Caecilia Schmidt von Moorhusen“

Auf dem Foto ist Annette Schwarzkopf schätzungsweise 17 bis 19 Jahre alt und es könnte demnach um das Jahr 1882/83 herum entstanden sein – vielleicht zur Verlobung. Und nochmals der Beleg dafür, dass auch Personen aus dem Glückstädter Umland sich in „der Stadt“ haben ablichten lassen.

Schließlich fand ich dann noch im Heiratsregister Herzhorn heraus, dass Otto Jacob Heinrich und Annette Schwarzkopf am 24. Oktober 1884 geheiratet haben. Vielleicht ist das Foto auch kurz vor oder nach der Eheschließung entstanden. Die Eheschließung fand ein paar Tage vor Annettes 20. Geburtstag statt.

Christine Berg

Ida Stein, geb. Daebel, und deren Tochter Sophie Stein, sowie Cicilia Frevert, Mutter von Ida Daebel

Im Glückstädter Stadtarchiv, derzeit zum größten Teil im Lentzenweg untergebracht, gibt es viele Aktenordner mit alten Fotos und handschriftlichen Hinweisen zu früheren Einwohnerinnen und Einwohnern sowie unzähligen weiteren Themen aus Glückstadts Geschichte. Werner Wriegt (22.3.1924-5.1.2016), ehemaliger Postmeister Glückstadts und ehrenamtlich tätiger „Magazinmeister" des Archivs, hatte diese vielen Hunderte von Fotos gesichtet, geordnet und auf Kartonpapier fixiert sowie dieses beschriftet, sofern ihm Angaben und Informationen vorlagen. Vor allem in den Ordnern zu „Personen" konnte ich reichlich Bildmaterial zu Frauen finden.

Unbekannt ist, wer überall die Hinweise und handschriftlichen Vermerke getätigt hat. In diesem Fall könnte es die Handschrift von Werner Wriegt sein. Wunderbarerweise existieren ein Foto der Mutter aus dem Photostudio C. J. Schweim und eine Aufnahme der Tochter auf Karton gezogen, wobei bei dieser der Fotograf unbekannt ist. Anfangs hatte ich nur vor, etwas mehr zu Mutter und Tochter herauszufinden. Aber dass dieser Beitrag so umfangreich geworden ist, liegt daran, dass die Haushalte alle aus Glückstadt kamen und die Archiv-Einträge so gut dokumentiert sind.

„Ida Stein, geb Daebel
geb. 9.8.1870
gest. 17.7.1942
in Glückstadt
[Stempel] Detlefsenmuseum Glückstadt
Nr. 4833-2
(Tochter v. Hermann Daebel)
(Mutter v. Sophie Stein)"

Ida Steins Porträt ist typisch für die Zeit, sie blickt nicht in die Kamera und lehnt die linke Hand auf eine Sessellehne, die oft bei Schweims Fotos verwendet worden ist. An beiden Handgelenken trägt sie dünne Armreifen oder Armbänder, am linken Ringfinger scheint ein Ring zu sein. Rechts hält sie eine Blüte aus Papier oder eine echte Rose, oder ein helles Stück Tuch. Dieses Motiv kam mir bisher noch nie unter. Sie mag wohl um die 20 Jahre alt sein, dann wäre das Foto um das Jahr 1890 herum entstanden, was in den Kontext der Studios passt. Vielleicht ist es auch zur Verlobung oder kurz vor der Hochzeit Anfang des Jahre 1893 entstanden.

„Sophie Stein
geb. 4.8.1893
gest. 21.7.1987
in Glückstadt
[Stempel] Detlefsenmuseum Glückstadt
Nr. 4833-1"

Ganz anders wirkt das Foto der Tochter. Sie ist elegant gekleidet und steht selbstbewusst mit Hut, Handschuhen und Handtasche dem Fotografen ins Bild blickend dar. Ihr linker Arm ist angewinkelt und sie trägt dezenten Schmuck. Sie mag ebenfalls wohl um die 20 Jahre alt sein, dann wäre das Foto um das Jahr 1913 herum entstanden, was der damaligen Mode entspricht.

Da hier doch die Daten ganz gut und brauchbar dokumentiert wurden, begann ich mit Neugier, in den digitalen Archiven des Kirchenkreises Rantzau-Münsterdorf zu forschen. Zunächst fand ich einen Taufeintrag zu Herrmann Heinrich Daebel aus dem Jahr 1868. Dies konnte natürlich schlecht der Vater sein, dachte ich mir! Tatsächlich ist es der gut 2,5 Jahre ältere Bruder von Ida, gemäß den Einträgen auch mit beiden gleichen Elternteilen.

Links Ida Stein, geb. Daebel, rechts deren Tochter Sophie Stein (Repro/Fotos (2): Christine Berg)

Folgendes wurde dokumentiert: „11. Januar / 9. Februar Herrmann Heinrich Johann Gottfried Jürgen, unehelicher Sohn der Caecilia Rebecca Margaretha Christina Frevert hieselbst und angeblich des Heinrich Däbel hieselbst. Gevattern 1, Herrmann Sommer 2, Peter Meÿer 3, Andreas Meÿer. Die Mutter, 25 Jahr alt, hat fortwährend ihren Aufenthalt hieselbst gehabt."

Links gibt es einen nachträglich eingefügten Hinweis: „Laut vorgelegtem Brief der Kgl. Reg. zu Schleswig vom 13. Februar 1900 J. N. I A 32882 ist dem Genannten die Erlaubnis zur Weiterführung des Familiennamens Däbel erteilt worden. Gl., 9. März 1900 Jakobs. [?]"

Schließlich fand ich auch den Taufeintrag zu Ida Däbel für das Jahr 1870: „9. August / 18. November Ida Cathrine Elise uneheliche Tochter der Caecilia Frevert hieselbst. (eheliche Tochter des Bäckermeisters Heinrich Frevert hieselbst und der Anna geb. Gregori) alt 27 Jahr. Das Domicil der Geschwängerten ist fortwährend die Stadt Glückstadt gewesen. Als Vater ist angegeben der Jollenführer Heinrich Daebel hieselbst. Gevattern 1, Heinrich Evers 2, Cathrine Knoop 3, Elisabeth Tiedemann."

Im Trauregister des Jahres 1893 entdeckte ich dann gleich auf Seite 1 Ida Stein mit einigen weiterführenden Anmerkungen: „7. Januar Der Schneider [?] Joachim Ludwig Stein hieselbst, ehelicher Sohn des Hirten jetzigen Händlers [?] Joachim Christian Stein und der Caroline Sophie geb. Jacobs zu Schernikau geboren zu Schernikau Kreis Osterburg den 27. Juli 1867 […] mit Ida Catharina Elise Daebel hieselbst, eine vor [?] der Ehe geborene Tochter des wailand Jollenführers Heinrich Daebel hieselbst und darselbst [?] noch lebend. Ehefrau Caecilie geb. Frevert, jetzt wiederverheiratheten Westphal geboren hieselbst den 9. August 1870 […]"

Das bedeutet, dass Ida Stein bereits vor der Ehe mit Sophie schwanger war. Caecilie Frevert hat den Zigarrenarbeiter und Witwer Friedrich Westphal am 16. Mai 1885 geheiratet. Aus dem Eintrag im Trauregister geht nicht hervor, dass sie bereits verheiratet, geschieden oder verwitwet, sondern einfach „eheliche Tochter" im Sinne von „Jungfrau" war. Das heißt, dass die beiden unehelichen Kinder den Nachnamen Daebel/Däbel geführt haben, aber eben nicht aus einer Ehe stammten, trotzdem beide denselben Vater hatten – soweit bekannt und in den Registern vermerkt.

Auch wollte ich wissen, was ich über Caecilia Frevert noch herausfinde. Ihre Eltern Heinrich Frevert und Anna finden sich im Copulations/Heiratsregister für das Jahr 1844. Heinrich hatte als ältester Sohn das Bäckerhandwerk übernommen (siehe unten). „27. October Der Bäckergesell Heinrich Conrad Frevert hieselbst, des Bäckermeisters

Heinrich Conrad Adolph Frevert hieselbst und der Cäcilia geb. Boldten ehelicher Sohn, mit Anna Margaretha geb. Gregori hieselbst, des Schiffszimmergesellen Johann Gregori hieselbst und der wailand Margaretha geb. Voß eheliche Tochter [...] Zeugen: Johann Friedrich Brunner und [...]."

Schließlich erhärtete sich dann auch mein Verdacht, dass in diesen Familien viele Kinder vorehelich gezeugt und demnach in die Taufregister als uneheliche Kinder eingetragen wurden. Meist erkennt man in den Einträgen sofort das X für diese Fälle. Dies zog sich tatsächlich wie ein roter Faden von Mutter zu Mutter, von Generation zu Generation weiter.

Im Taufregister 1843 heißt es: „6. Januar Cäcilia Rebecca Margaretha Christina Frevert, der Anna Margaretha Gregori hieselbst und angeblich des Bäckergesellen Heinrich Conrad Frevert uneheliche Tochter. Gevattern: 1, Margaretha Theil, 2, Rebecca Gregori, 3, Christina Beÿ". Das heißt, die Eltern haben erst knapp zwei Jahre nach der Geburt geheiratet und waren zum Zeitpunkt der Zeugung noch Teenager, also ca. 16-17 Jahre alt.

Anschließend war ich neugierig, ob ich noch weiter zurückrecherchieren konnte und ob „Johann Daevel und Ida Witt" zu den Vorfahren gehören.

Tatsächlich wurde ich im Copulations/Heiratsregister für das Jahr 1855 fündig, dort wurde die Eheschließung von Heinrich Daebel eingetragen, und zwar auch am 7. Januar. „der Seefahrende [?] Heinrich Däbel hieselbst, des Schneidermeisters Johann Heinrich Christian Däbel hieselbst und der Ida geb. Witt ehelicher Sohn, mit Dorothea Anna Margaretha Grimminger hieselbst, des wailand Karl [Seneries?] Christian Grimminger hieselbst und der Catharina Sophia Cäcilia hieselbst geb. Bode eheliche Tochter [...] "

Beide Elternfamilien konnte ich für das Jahr 1835 bei der Volkszählung nachweisen. Auch die Familie Frevert entdeckte ich, – wieder – muss ich sagen, da ich die Witwe bei Recherchen zu Frauen-Berufen[1] schon einmal textlich aufgenommen hatte. Da es aber den Rahmen dieses Buchbeitrags sprengen würde, nehme ich nur die Namen auf, wie ich sie in der Online-Datenbank gefunden habe.

Zum einen ist es die Familie Däbel/Daevel, die in der Dannettestr. Nr. 25B (heute (vermutlich): Große Danneddelstr. 21), 1. Stockwerk lebte. Der Hausvater und Schneidermeister Johann Daevel[2] (32, geb. 1803) war mit Ida Witt (31, geb. 1804) verheiratet. In dem Jahr gehörten drei kleinere Kinder mit zum Haushalt: Anna Daevel (5, geb. 1830), Heinrich Daevel (3, geb. 1832) und das Kleinkind Christian Daevel (1, geb. 1834). Ferner wurden drei ledigen Männer dokumentiert: Johann Trautmann (18, geb. 1817), Arbeitsmann und Kostgänger, Johann Petersen (24, geb. 1811), „Landsoldat im Activen Dinst" und Friederich Thomsen (24, geb. 1811), ebenfalls „Landsoldat im Activen Dinst".

Ein großer Haushalt gehörte dem „Oeconom" (zurzeit des Zensus „im Stadtkrankenhaus") Carl Griminger[3] (61, geb. 1774) und seiner Ehefrau Catharina Bode (47, geb. 1788), der in der Königsstraße Nr. 126A, 2. Stockwerk (heute: Königstr. 35, neben dem Wasmer-Palais), lag. Vier eigene Kinder wurden noch dokumentiert, aber ein zwei Griminger waren schon außer Haus (z.B. Carl Griminger (27, geb. 1808), Schuster und Familienvater): Anna Griminger (17, geb. 1818), Catharina Griminger (12, geb. 1823), Johann Griminger (15, geb. 1820) und Dorathea Griminger (7, geb. 1828).

Daneben gab es noch fünf fremde Kinder und jüngere Erwachsene, die mit zum Haushalt gehörten: Detlef Rohde (17, geb. 1818), Lehrling

---

1 Siehe meinen Beitrag im *Steinburger Jahrbuch* 2019 dazu, „Mehr als nur Dienstmädchen: Frühe Berufe von Glückstädter Frauen", S. 13-46, speziell Seiten 26-27.

2 Siehe dazu unter www.danishfamilysearch.com/cid3486966.

3 Gefunden unter www.danishfamilysearch.com/cid3488073.

„beym Maurer", und vier ledige Pflegekinder, die von der Armenkasse unterhalten wurden. Dies sind die (wohl) beiden Brüder Friederich Jessen (12, geb. 1823) und Jacob Jessen (10, geb. 1825) sowie Magdalena Draeger (22, geb. 1813) und der gleichaltrige Johann Helms (22, geb. 1813).

Cicilia Frevert

Das ganze Gegenteil war der Haushalt von Cicilia Frevert[4], geb. Boldten. Sie war mit 40 Jahren (geb. 1795) Witwe, übte ebenfalls die „Bäckerprofession" aus, und hatte insgesamt 14 Personen zu versorgen. Ihr Ehemann muss vermutlich im Jahr 1833/1834 gestorben sein, denn das jüngste (wohl gemeinsame) Kind war im Jahr 1835 gerade erst ein Jahr alt. Aus heutiger Sicht bedeutet so ein großer Haushalt und eine Familie mit vielen kleineren Kindern und einem Baby für eine alleinerziehende Person, in diesem Fall die Mutter, eine enorme Herausforderung. Wie arbeitsintensiv dies für eine Witwe und Ernährerin damals gewesen sein mag, lässt sich heute nur erahnen.

In der Judenstraße Nr. 78, 2. Stockwerk (heute: Königstr. 9(?)) lebten neun Kinder: Anna (15, geb. 1820), Maria (14, geb. 1821), Miena (12, geb. 1823), Heinrich (10, geb. 1825), Guste (9, geb. 1826), Conrad (7, geb. 1828), Liesette (5, geb. 1830), Matthilde (3, geb. 1832) und das jüngste Adolph (1, geb. 1834).

Als Geselle wurden der ledige Hans Jacobs (37, geb. 1798) und der ledige Lehrling Hermann Løbcke (18, geb. 1817) dokumentiert. Den Haushalt unterstützten zwei unverheiratete Dienstmädchen, die 19-jährige Margaretha Kleemann (geb. 1816) und die 20-jährige Catharina Kröger (geb. 1815) die Witwe Cicilia Frevert.

---

4 Siehe dazu www.danishfamilysearch.com/cid3487899.

Für diese Familien wird es nicht zutreffen, aber ein Hinweis aus der *Chronik der Kirchengemeinde Glückstadt* ist erhellend, dass es nämlich in Glückstadt Konkubinate gab.[5] Es wäre wirklich ein spannendes, wenn auch äußerst zeitintensives Unterfangen, anhand der digitalen Zensus, Register und Kirchenarchive nach diesen Familien mit Konkubinaten zu suchen und zu forschen.

„Der Visitationsbericht von 1865 gibt an, daß Konkubinate zur Zeit nicht mehr bestehen, und daß die öffentliche Sittlichkeit günstiger sei als in anderen Gemeinden mit Schiffsverkehr und Garnison, in den letzten 3 Jahren seien nur 5% uneheliche Geburten gewesen. In meiner Erinnerung liegt ein Fall, wo wegen eines sittlichen Vergehens vom Kirchenvorstand das kirchliche Wahlrecht aberkannt wurde. Von lange her bestehende Konkubinate gibt es auch jetzt, die durch eine große Kinderzahl zu förmlichen Familien angewachsen sind, gegen die daher ein Einschreiten schwer ist." (Ebenda: Seite 275, alt Seite 226) Außerdem: „1798 wurden auch die höheren Taufgebühren für uneheliche Kinder aufgehoben." (Ebenda: Seite 275, alt Seite 226).

Christine Berg

---

5 *Chronik der Kirchengemeinde Glückstadt*. Nachlaßwerk des früheren Propsten Jakobsen in Glückstadt, abgeschrieben und zum Teil ergänzt, von Emil Holst Pastor i e R in Voßloch (1906-1924 Pastor am Strafgefängnis in Glückstadt).

Paula Struve

Als Carte de Visite (Abkürzung CdV) bezeichnet man eine auf Karton fixierte Fotografie im Format von ca. 6x9 cm. Ab ca. 1860 wurde die Carte de Visite sehr populär und trug wesentlich zur Verbreitung der Fotografie bei. Nach 1915 ist sie nur noch sehr vereinzelt zu finden. Diese „Visitenkarten" wurden verschenkt, als Erinnerungsstücke gesammelt und weitervererbt. Studiofotos waren und sind oft die einzigen „Zeitzeugen" von Menschen. Die etwas größeren Kabinettfotos kamen ab dem Jahr 1900 in Mode. Ein Besuch in einem Fotoatelier war auch damals durchaus kostspielig.

In der zweiten Hälfte des 19. Jahrhunderts war es üblich, Carte de Visite (daher wohl später der Ausdruck „Visitenkarten") als Porträts zu verschenken und in Alben zu sammeln. Auch von Prominenten wurden Carte de Visite angefertigt und verkauft.

Wie wunderschön wäre es, würde man die Namen aller Porträtierten kennen! Bekannt sind mir: Paula Struve auf einer CdV des Photographischen Ateliers C. J. Schweim, Am Hafen 19: Es war eines der ältesten Fotostudios in Norddeutschland, das sich bis vor kurzem noch im Familienbesitz befand. Gegründet wurde das Fotostudio im Jahr 1878 von Claus Jakob (C. J.) Schweim in Glückstadt, zuerst Am Fleth 177 (heute: Am Fleth 41+42) und dann könnte er das Wommelsdorffsche Studio Am Hafen 19 übernommen haben. Seit 1886 war es in Uetersen ansässig. Aus dem Atelier C. J. Schweim habe ich bislang die meisten Fotos sammeln können.

In Band 1 der *Fortunae*-Reihe hatte ich bereits zwei Namen von jungen Frauen parat, die hinten auf den CdVs vermerkt sind, aber zu denen ich damals noch nicht in Taufregistern recherchiert habe.

Ob diese Paula Struve nun mit derjenigen übereinstimmt, die ich im digitalen Kirchenkreisarchiv des Kirchenkreises Rantzau-Münsterdorf zu Glückstadt gefunden habe, vermag ich nicht zu sagen. Aber in der Zeit ist nur eine mit diesem Namen geboren worden, soweit ich dies in den Taufregistern recherchieren konnte.

Im Taufregister 1870 findet sich folgender Eintrag: „22. / 27. April Paula, eheliche Tochter des [Tapezier?] Johann Hinrich Julius Claus Christian Struve, hieselbst und der Laura Malwine geb. Borchardt, alt 32 Jahr." Nicht weniger als 6 Gevatterinnen bezeugten die Geburt von Paula.

Ihre Schwester Marie wurde am 14. Januar 1872 geboren, der Vater war dann als Fabrikant eingetragen. Der Bruder Otto kam am 21. Oktober 1873 auf die Welt, die jüngere Anna Dorothea am 28. Januar 1878, wieder wurde Vater Struve als Fabrikant eingetragen. Die Heirat der Eltern konnte ich bislang nicht nachforschen.

Christine Berg

Paula Struve auf einer CdV des Photographischen Ateliers C. J. Schweim. (Repro/Foto: Christine Berg)

Elise Teves

Im Glückstädter Stadtarchiv, derzeit zum größten Teil im Lentzenweg untergebracht, gibt es viele Aktenordner mit alten Fotos und handschriftlichen Hinweisen zu früheren Einwohnerinnen und Einwohnern sowie unzähligen weiteren Themen aus Glückstadts Geschichte.

Werner Wriegt (22.3.1924-5.1.2016), ehemaliger Postmeister Glückstadts und ehrenamtlich tätiger „Magazinmeister" des Archivs, hatte diese vielen Hunderte von Fotos gesichtet, geordnet und auf Kartonpapier fixiert sowie dieses beschriftet, sofern ihm Angaben und Informationen vorlagen. Vor allem in den Ordnern zu „Personen" konnte ich reichlich Bildmaterial zu Frauen finden.

Das Ehepaar Elise und Ehemann Teves wohnte im Jahr 1916 Am Hafen 32 und es gibt ein Foto der Familie im Archiv, wobei der Vater nicht mit auf dem Foto ist und auch der Fotograf unbekannt ist. Handschriftlich ist auf der Rückseite vermerkt:

„Glückstadt Kriegsjahr 1916
Unsere Mutter Elise Teves
Mit Ihren Kindern Am Hafen 32
Rudolf, Ella, Arthur,
Erna + Lisbeth
[Stempel] Detlefsenmuseum Glückstadt
Nr. 4005"

Die Fotopostkarte könnte im Garten hinter dem Haus aufgenommen worden sein. Leider konnte ich bislang in den mir zur Verfügung stehenden Archiven keinen weiteren Hinweis auf die Familie erhalten. Ich weiß nicht, wann sie nach Glückstadt gezogen ist. In den Namensregistern für Tauf-/Heirats- und Sterbeeinträge bin ich nicht fündig geworden. Bislang konnte ich den Vornamen des Ehemannes nicht herausfinden. Der älteste Sohn im Hintergrund blickt sehr ernst in die Kamera, die anderen Kinder blinzeln eher verschmitzt oder schüchtern-lächelnd.

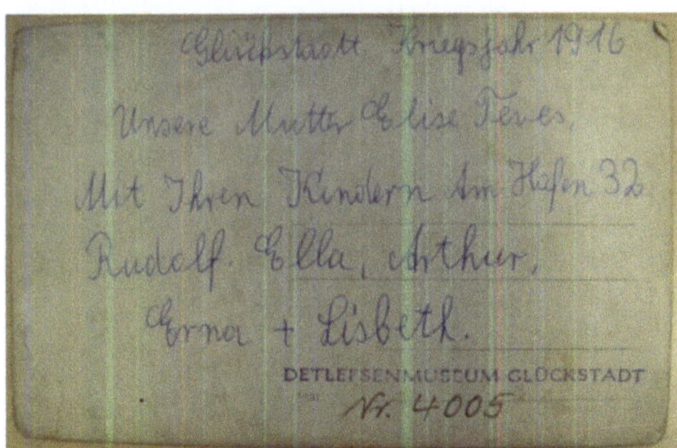

Elise Teves mit ihren fünf Kindern. Fotograf unbekannt. (Repro/Fotos (2): Christine Berg)

Christine Berg

Gertrud Weinert, verh. Günther, und Anni Richter, geb. Ellerbroock

Im Glückstädter Stadtarchiv, derzeit zum größten Teil im Lentzenweg untergebracht, gibt es viele Aktenordner mit alten Fotos und handschriftlichen Hinweisen zu früheren Einwohnerinnen und Einwohnern sowie unzähligen weiteren Themen aus Glückstadts Geschichte.

Werner Wriegt (22.3.1924-5.1.2016), ehemaliger Postmeister Glückstadts und ehrenamtlich tätiger „Magazinmeister" des Archivs, hatte diese vielen Hunderte von Fotos gesichtet, geordnet und auf Kartonpapier fixiert sowie dieses beschriftet, sofern ihm Angaben und Informationen vorlagen. Vor allem in den Ordnern zu „Personen" konnte ich reichlich Bildmaterial zu Frauen finden. Unbekannt ist, wer überall die Hinweise und handschriftlichen Vermerke getätigt hat – vermutlich Herr Wriegt.

Wunderbarerweise existieren zum einen ein Foto von zwei – wohl – Freundinnen aus Glückstadt und ein Ganzkörperporträtfoto aus dem Studio Carl Lorenzen.

Auf der Rückseite der Fotoansichtskarte ist Folgendes handschriftlich vermerkt:

„links: Anni Richter +, geb. Ellerbroock (früher Steinburgstr. 4), Tochter d. Gastwirts Joh. Ellerbr.
rechts: Gertrud Günther, geb. Weinert, geb. 5.7.1896, wohnhaft: HH-Harburg"

Beide Damen tragen natürlich Handtaschen, Sommerhüte und haben jeweils einen Strauß Margeriten in den Händen. Sie sind sommerlich gekleidet und das Foto wurde definitiv in einem Studio aufgenommen. Vielleicht anlässlich des Vogelschießens? Margeriten blühen ja vermehrt im Hochsommer. Anni Richter trägt am rechten Mittelfinger einen Ring und Ohrhänger, Gertrud Günther ist fast einen Kopf größer als Anni Richter und schmal von Statur. Beide scheinen um die 20 Jahre alt zu sein, sodass das Foto um 1916 herum entstanden sein mag.

Links: Anni Richter, rechts: Gertrud Günther, geb. Weinert. Fotograf unbekannt.

Gertrud Günther, geb. Weinert. Fotostudio Carl Lorenzen, Am Hafen 19.
(Repro/Fotos (2): Christine Berg)

Auf der Rückseite des Fotos von Carl Lorenzen ist Folgendes handschriftlich vermerkt:

„Gertrud Günther, geb. Weinert, geb. 5.7.1896, Tochter des Aloisius Weinert (u. Frau Elisabeth geb. Heuer), Schmiedestr. 5 (Gr. Schwibb. 25)"

Auf diesem Foto ist Gertrud Günther ebenfalls sommerlich gekleidet und es könnte um die Jahre 1913-1915 herum entstanden sein. Gertrud Günther sieht noch sehr jung und zart aus, jünger als auf dem Doppelporträt. Am linken Handgelenk trägt sie ein schweres Gliederarmband mit Kugel-Anhänger, um den Hals eine lange Kette. Vielleicht ist das Foto zum Schulabschluss oder zur Verlobung entstanden.

Das Foto ist vom Format her ein „typisches Lorenzen-Foto", denn wie fast alle Foto-Porträts von Carl Lorenzen, die ich kenne, zeichnet sich auch dieses durch eine schmale und hochformatige Aufnahme aus.

Christine Berg

Das vierte Jahrhundert von 1917 bis 2017 / 2021 Ereignisse in Glückstadt

1936 werden zwei neue Leuchttürme gebaut: Das Glückstadt-Oberfeuer (30 Meter hoch) Am Neuendeich und das Glückstadt-Unterfeuer (15 Meter hoch) am Außendeich.

Glückstadt ermöglicht zahlreichen Flüchtlingen einen Neuanfang. Vor Ausbruch des Zweiten Weltkriegs leben genau 6.915 Menschen in Glückstadt, im Jahr 1945 verzeichnet Glückstadt 11.021 Menschen.

Das ehemalige Klärbecken des Elbwasserwerks wird im Jahr 1962 vom ETSV „Fortuna“ zum städtischen „Fortuna-Bad“ umgebaut und besteht noch heute.

Die Glückstädter Heringsfischerei stellt 1976 ihren Betrieb ein. Bei Probebohrungen des Landesamtes für Vor- und Frühgeschichte im Außendeich am Schleuergraben wird die Wüstung von Nygenstadt wiederentdeckt.

Zum 375-jährigen Stadtjubiläum im Jahr 1992 besucht der Bundespräsident Richard von Weizsäcker Glückstadt.

Im Herbst 2015 findet eine weitere Bürgermeisterwahl in Glückstadt statt. Die Wählerinnen und Wähler entscheiden sich für die erste Frau in diesem Amt: Bürgermeisterin Manja Biel!

Im Jahr 2017 wird das 400. Stadtjubiläum das ganze Jahr über feierlich begangen. Die Veranstaltungen sind vielfältig und etliche Highlights werden den Einheimischen und allen Besucherinnen und Besuchern noch lange im Gedächtnis bleiben.

Das vierte Jahrhundert von 1917 bis 2017 / 2021
Inhaltsverzeichnis

Elke Boese

Am 26. November 2011 erhielt Elke Boese die Ehrenmedaille der Stadt Glückstadt für ihr ehrenamtliches Engagement. Ich bin mir nicht mehr ganz sicher, ob ich bei der Verleihung dabei war, als Gast sozusagen, aber in dem Jahr fing ich an, mich kommunalpolitisch zu engagieren, und besuchte viele Ausschusssitzungen im Rathaus. Elke Boese war mir zu der Zeit auf jeden Fall ein Begriff.

Die dann 80-Jährige wurde mit der Ehrenmedaille von der Stadtvertretung für ihr langjähriges ehrenamtliches Engagement ausgezeichnet. Der damalige Bürgervorsteher Ulf Ostermann hob hervor, dass Elke Boese immer bescheiden auftrat und sich zum Beispiel liebevoll um den Garten des „Quasi non possidentes“ gekümmert hat.

Aber sie war nicht nur im Garten, sondern auch als Aufsicht im „Palais für aktuelle Kunst“ tätig, engagierte sich in der Suchtkrankenhilfe und gab Sprechstunden für den Seniorenbeirat. Auch ihr eigener Garten in Glückstadt und die Tierwelt darin lagen ihr sehr am Herzen.

Elke Boese wurde als Elke Marquardt am 22. Juni 1931 in Kiel geboren und wuchs in Hamburg auf. Am 22. Mai 2021 verstarb sie in Glückstadt, wohin sie mit ihrem zweiten Ehemann, Heinz Boese, im Jahr 1998 gezogen war. Vorher lebten beide auch in Kollmar.

Mit ihrem ersten Ehemann, einem Seemann, war Elke Boese viel auf Reisen, wenn sie ihn bei der Arbeit sozusagen begleitete. Vorher machte sie erst eine Ausbildung bei einem Schiffsmakler in Hamburg und arbeitete danach ab 1952 beim Verlag *Der Spiegel*, wo sie acht Jahre lang tätig war.

Nach der Scheidung lernte sie im Jahr 1972 sie ihren zweiten Ehemann Heinz Boese kennen. Das Ehepaar zog zunächst nach Kollmar, sie behielt aber eine Wohnung in Hamburg.

Bis zur Rente arbeitete sie zehn Jahre lang für den Direktor der Kunsthalle in Hamburg; denn Kunst war Elke Boeses großes Faible. In Glückstadt besuchte sie regelmäßig die Ausstellungen im „Quasi non possidentes" am Glückstädter Hafen.

Zum 1. August 2000 übernahm der Glückstädter Kunstverein „Palais für aktuelle Kunst e.V." dieses Gebäude und gründete sich dabei. Elke Boese war sofort dabei. Sie war ehrenamtlich als Aufsicht tätig und suchte immer den Kontakt zu den Künstler*innen, Besuchenden, Kurator*innen und den Vereinsmitgliedern. Sie fühlte sich bei allem wohl und gab ihre Kunstliebe gerne an Mitmenschen weiter.

Das „PaK Palais für aktuelle Kunst" würdigte sie in der *Glückstädter Fortuna* wie folgt: „Sie war lange Jahre die gute Seele des Quasis non possidentes und hat viel für das Palais für aktuelle Kunst getan. Wir vermissen sie und sagen Danke". (10. Juli 2021, shz)

Christine Berg
mit Quelle Norddeutsche Rundschau, 26.11.2011, S. 16, Artikel von Christine Reimers, dort auch ein Foto von Elke Boese

Christiane Gehner

Im Sommer 2011, als der Ortsverband von Bündnis 90/Die Grünen in Glückstadt gegründet wurde, war Christiane Gehner für kurze Zeit Mitglied der Grünen Partei. Ab und zu kreuzten sich unsere Wege und vielmehr die Stränge rund um ihre Person kamen mit meinen Fäden in Berührung, seien es die von Weggefährten, durch Kunst, Museum oder Veranstaltungen.

Vor zwei Jahren entdeckte ich dann ihre Todesanzeige und den Nachruf auf sie in der Presse und wollte etwas mehr zu ihrem Leben wissen. Nicht nur zu Glückstadt und Umgebung entdeckte ich Spannendes. Nein, auch einen ihrer Kurzfilme stellte der Fernsehsender arte.tv vom 11/03/2021 bis 05/06/2021 in der Mediathek bereit. „Programmhinweise- „Feministisches Pamphlet von Christiane Gehner. Bei der Hamburger Filmschau 1970 ein Hit, dann jahrzehntelang verschollen und nun wiederentdeckt."(Ralph Eue)" „Programmhinweise- RELOADED. Margarita Tsomou, Mitherausgeberin des feministischen Magazins Missy, setzt sich 50 Jahre später wieder an den Tisch: Zur Zukunft des Feminismus - Teilhabe, Inklusion, nachhaltiges Denken und Arbeiten. Ein Manifest!"[1]

Ja, das war wirklich mehr als ein Zufall, dass ausgerechnet dann, als ich daran dachte, Christiane Gehner in Band 5 mit einem Eintrag zu würdigen, ihr damaliger Dokumentarfilm wieder ganz aktuell wird. „Programmhinweise" (1970, Regie, Drehbuch, Schnitt) lief auch schon auf der 68. Berlinale im Shorts Sonderprogramm des Jahres 2018. Bei dem Spielfilm von 1982 „Herzlichen Glückwunsch" hatte sie die Produktionsleitung.

---

1 Begleittext des Fernsehsenders arte.tv, aufgerufen am 14.3.2021.

Christiane Gehner wurde am 2. März 1946 geboren und lebte zuletzt in Borsfleth bei Glückstadt. Nach einer Schriftsetzerlehre studierte sie ab 1962 in Hamburg an der damaligen Werkkunstschule, heute die Hochschule für Angewandte Wissenschaften Hamburg (HAW). Im Jahr 1966 wechselte sie an die Hochschule für Bildende Künste. Nach dem Studium war sie Producerin in einer Werbeagentur, ging dann zur Titelbildredaktion des *Spiegel*, wo ihre journalistische Laufbahn als Bildredakteurin begann. Sie arbeitete bis in die späten 1990er Jahre in den Redaktionen von *Stern*, *Geo*, *Merian* und zuletzt wieder als Ressortleiterin beim *Spiegel*.

Sie gab Bücher zur Fotografie mit heraus und publizierte auch an anderer Stelle. Eine ausführliche Vita und Würdigung findet sich von Gabriele Knoop in der *Glückstädter Fortuna* vom 9. März 2019 auf Seite 10, dort auch ein Foto von ihr.

Ganz bedeutend für Glückstadt ist aber Christiane Gehners unermessliches Engagement für das „Palais für aktuelle Kunst" (PAK), das Am Hafen 46 in dem damals leerstehenden und historisch bedeutsamen Gebäude (dem sog. „Quasi non possidentes"), man muss wohl eher sagen „Anwesen", seine Heimat fand. Im Jahr 1985 wurde das Gebäude mit Mitteln der Städtebauförderung restauriert und als Ausstellungsgebäude hergerichtet.

Zum 1. August 2000 übernahm der Glückstädter Kunstverein „Palais für aktuelle Kunst e.V." das Gebäude. Christiane Gehner gehörte neben Dr. Sibylle Lindenberg und Jan Wallraf sowie Elke Boese[2] und weiteren Interessierten zu den Gründungsmitgliedern des Vereins. Sie blieb dem Verein als Erste Vorsitzende über ein Jahrzehnt treu und engagierte sich auch danach bei Ausstellungen und beim Sponsoring.

---

2 Die drei letztgenannten Glückstädter*innen sind leider inzwischen alle verstorben. Jan Wallraf war zuletzt (bis zu seinem Tod am 26.12.2019) auch ein Weggefährte der Grünen Glückstadts. Dr. Sibylle Lindenberg wird ausführlich in *Fortunae Band 3* gewürdigt (S. 153-157).

Das Eingangsportal des „Quasi non possidentes", Am Hafen 46 (Foto: Christine Berg)

Mit insgesamt über 70 Ausstellungen seit seiner Gründung im Jahr 2000 hat sich das PAK zu einem der wichtigsten Ausstellungsorte für zeitgenössische Kunst in Schleswig-Holstein entwickelt. Aufgrund einer unsicheren Finanzlage drohte dem Haus ab 2011 die Schließung. Dies konnte verhindert werden. Und daran hat vor allem Christiane Gehner mitgearbeitet, aber auch viele ihrer Künstler*innen-Kolleg*innen und sicher hat sie auch ihr Ehemann Uwe Paduck, selber Maler und Zeichner, mit seinen vielen Kontakten dabei unterstützt.

Christiane Gehner war einige Jahr vor ihrem Tod gesundheitlich schwer angeschlagen, aber trotzdem in der Öffentlichkeit, vor allem mithilfe ihres Ehemannes, immer präsent und im Gespräch mit Interessierten, so gut es eben ging. Sie verstarb am 28. Februar 2019.

Christine Berg
mit Quelle Glückstädter Fortuna, 9.3.2019, S. 10, Artikel von Gabriele Knoop

Traute Kelm

Als Margarete Olschowka mich im Januar 2020 fragte, ob ich ein paar einführende Worte über eine Künstlerin halten möchte, deren Werke vom März bis Mai bzw. Sommer 2020 im Glückstädter Artequarium ausgestellt wurden, war ich zunächst zögerlich. Zum einen hatte ich noch nicht die Bekanntschaft mit den Werken gemacht, zum anderen war ich unsicher, ob ich der Künstlerin Traute Kelm überhaupt angemessen gerecht werde.

Aber schnell war ich überzeugt worden, dass der Anlass, das damalige Datum, nämlich der 8. März (2020), der Weltfrauentag, eine Glückstädter Künstlerin und das Annähern an eine Biografie spannend genug sind. Der Kollege H.-Peter Widderich hat bereits über etliche Glückstädter Künstlerinnen wie Ebbe Bierbaum, Asta Rassiga oder Ilse Schneider gearbeitet und Vorträge über diese gehalten. Diese fanden auch Eingang in die *Fortunae*-Reihe. Traute Kelm darf sich zu diesen Glückstädter Künstlerinnen gerne dazugesellen; und findet nun in *Fortunae Band 5* einen Eintrag.

Bei meinen Forschungen zu Glückstädter Frauen ist mir die Lyrikerin und Zeichnerin Waltrud Bruhn eine Schwester im Geiste geworden. Leider ist sie bereits vor vielen Jahrzehnten verstorben. Und auch mit Traute Kelm verbindet mich etwas: „Nein Kind, du studierst nicht freie Kunst oder Foto-Design, das ist brotlose Kunst. Werde doch Bankkauffrau!“ Das bin ich dann im Jahr 1984 auch geworden und war im Job nie wirklich glücklich.

Auch Traute Kelm wurde dieser Wunsch verwehrt, der ihr innigster war. Nur die Großmutter, die Ende des 19. Jahrhunderts selber auch gerne Kunst oder Malerei studiert hätte, hielt zu ihr: „Und wat din Molen und Teiken angeit - nich opgeben, lot kom wat kümmt! Ick weit nu, dat du dat irnst meenst." Die letzte Begegnung mit ihrer Großmutter, bevor diese 1958 starb, war Traute Kelm immer noch eine starke Hilfe. Sie erzählte ihr, zu ihrem Wunsch, ein Kunststudium zu absolvieren, sagte ihr Vater einfach: „Unsere Familie bestand immer aus ehrlichen Handwerkern - und aus guten Hausfrauen!!!! Und die Großmutter durfte nicht mehr darüber sprechen. (Das war im 19. Jahrhundert)."

Geboren wurde Traute Kelm am 1. Juli 1933 in Glückstadt. Hier wuchs sie auch auf, machte dann eine kaufmännische Ausbildung in Hamburg und kam Anfang der 1950er Jahre nach Göttingen. Dort arbeitete sie bei Carl Zeiss, lernte dort ihren späteren Mann Reinold Heidelmann kennen und am 14. Juni 1958 heirateten die beiden. Drei Söhne wurden in den Jahren 1962, 1963 und 1965 geboren. Die Familie hat die Mutter und Künstlerin als eine Frau mit einem offenen Weltbild, einem liberalen Weltbild beschrieben. Außerdem war sie eine entfernte Verwandte von Emil Nolde. Am 13. September 2019 verstarb Traute Heidelmann-Kelm im Alter von 86 Jahren.

Wie gut, dass Frauen nicht resignieren und aufgeben, sondern andere Wege finden, um ihre künstlerische Ausdrucksweise umzusetzen. Traute Kelm sagte von sich: „Als ich sechzehn Jahre alt geworden war, ging ich drei Jahre in die VHS-Kurse von Hans Zschirn in Malen-Zeichnen-Komposition. Mit achtzehn Jahren bekam ich bei einem Schulwettbewerb den 1. Preis für meine eingereichten Bilder. Das spornte mich weiter an."

Danach folgten autodidaktische Studien, sie besuchte VHS-Kurse, eignete sich viele künstlerische Techniken an, nicht nur in Malerei, sondern auch Linolschnitt, Holz, Batik oder Radiertechniken. Von 1976 bis 1979 war sie an der Fernakademie Darmstadt KG (Kamprath) eingeschrieben und studierte Zeichnen / Malen / Radiertechniken bei Prof. Schneider. Im Jahr 1979 erhielt sie dann ihr Diplom für freies Zeichnen und Malen. Und wie gut, dass sie auf ihre Großmutter gehört hatte und deren Rat immer im Herzen trug.

Wie fing es überhaupt bei Traute Kelm an? Kurz bevor sie in die Schule kam (1939), bekam sie Farbstifte, Aquarellfarben und Malvordrucke geschenkt. Sie malte und zeichnete, wann sie nur durfte; sie veränderte die Vordrucke - nur anmalen gefiel ihr nicht. In ihren Schulheften war von Anfang an immer mehr gemalt oder gezeichnet als geschrieben. Sie meinte: „Ich kann mich nicht entsinnen, dass ich je einen anderen Berufswunsch hatte, als Berufe, die etwas mit Kunst zu tun hatten."

Ab 1975 war Traute Kelm Mitglied im Kunstverein Göttingen, ab 1978 Mitglied im "Kreis 34" (Künstlerverein Göttingen) und schließlich ab 1981 auch Mitglied im Künstlerhausverein Göttingen. Sie konnte an Gruppenausstellungen in Deutschland, Jugoslawien und Frankreich teilnehmen und hatte Einzelausstellungen in Glückstadt und Göttingen. Im Mai 1992 stellte Traute Kelm im Brockdorff-Palais Aquarelle und Radierungen aus und war mit 44 Werken vertreten, deren Bezeichnungen, Techniken und Preise sorgfältig gelistet wurden. Daneben waren ihre Arbeiten auch Palais „Quasi non possidentes" und im Turm zu sehen.

Über ihre Techniken sagte Traute Kelm einmal: „Am liebsten arbeite ich mit Aquarellfarben (Aquarellfarben = reine Pigmente in der Regel durch Kirschbaumharz oder Gummi Arabicum gebunden) und feinem bis mittlerem Haarpinsel (Nr 1-4, evtl. noch 6) auf Japanpapier (Japan-Linoldruckpapier – dünnes, aber zähes Japanfaserpapier (Kawasa).

Die Bilder sind nicht typisch für Aquarellmalerei. Ich bringe die Farben mit wenig Wasser auf das Papier und presse auf die Farbränder sofort weiches Papier oder Baumwollstoff, weil die Farbe sich sonst zu sehr ausdehnt. Obwohl ich bei dieser Technik nur langsam arbeiten kann, greife ich immer wieder darauf zurück, weil ich eine starke Farbwirkung erziele. Ich wähle Motive aus der Natur, aus Märchen, oder ich male freie Figuren; Motive, die ich alle mehr oder weniger abstrahiere."

(Fotos (2): Christine Berg. Beide Radierungen mit Katzenmotiven im Besitz von Christine Berg)

(Foto: Christine Berg. © für das Original von Traute Kelm bei Fortunatus Christian Heidelmann)

In der Großen Deichstraße in ihrem Glückstädter Haus steht noch heute (März 2020) die Tiefdruckpresse. Traute Kelm hat immer betont, dass sie viele künstlerische Lehrkräfte kennengelernt hatte und von ihnen angeleitet wurde, aber von ihnen auch das Handwerk erlernte.

Und die Lehrkräfte gaben ihr ebenso viel bzw. allen Freiraum, den sie brauchte, um sich künstlerisch entwickeln und dabei ihren eigenen Stil beibehalten und ausbauen zu können.

Für die endgültigen Arbeiten ihrer Bilder benötigte Traute Kelm im Jahresdurchschnitt vier Stunden pro Tag, d.h. sie musste sich darauf beschränken, da sie nebenbei die ganze Familie versorgen musste. Dazu kamen Skizzen und Notizen, die sie unterwegs irgendwo oder beim Essenkochen, beim Einkaufen, oder wenn sie zwischendurch aus dem Schlaf aufwachte, machte - eigentlich bei jeder Gelegenheit rund um die Uhr. Traute Kelm arbeitete vorwiegend nachts, um tagsüber für die Familie da zu sein.

Sie beschrieb, dass die Notizen oder Zahlen auf ihrem Einkaufsblock sie manchmal zu einem Bild inspirierten, oder ein Baumstumpf, der nach einer Überschwemmung liegengeblieben war, auf einem Notizzettel zu einem phantastischen Tier wurde. Manche Motive skizzierte sie in der Bahn (oder arbeitete sie auch gleich zu Ende durch). Die Züge fuhren so schnell, dass sie kaum Einzelheiten festhalten konnte, und sich auf Hauptformen beschränken musste - der Rest war dann Phantasie.

Traute Kelm versuchte, ehrliche Bilder zu arbeiten, und sie wollte mit ihren Bildern in erster Linie Freude bereiten. Wenn der Betrachter in manchen der Bilder dann noch eine versteckte Gesellschaftskritik oder eine Anspielung an menschliche Schwächen entdeckt(e), hatte sie ihre Absicht erreicht. Zwischendurch machte sie Farb- und Formkompositionen nach dem Rhythmus einer Musik, nach Zahlen, Buchstaben oder geometrischen Figuren.

Bei den meisten menschlichen Figuren liegt die Aussage in der Körperhaltung; deshalb verzichtete sie auf das Gesicht. Andere Bilder bestehen nur aus Köpfen und die Aussage wird durch den Ausdruck der Gesichter erzielt. In der Regel benutzte sie eine möglichst kleine Farb-Palette, d.h. sie verwendete dann wenig verschiedene Farben.

Zu ihren benutzten Techniken meinte Traute Kelm das Folgende: „Zeichnungen und Radierungen sind für mich ein Ausgleich gegen die intensiven Farben. Mich reizen dabei die Ätztechniken, wegen der vielfältigen Möglichkeiten; aber augenblicklich bevorzuge ich die Kaltnadeltechnik, die zwar eine gewisse körperliche Kraft erfordert, in der ich aber spontaner arbeiten kann, und in der die Radierungen lebendiger wirken."

(Fotos (2): Christine Berg. © für jeweils das Original von Traute Kelm bei Fortunatus Christian Heidelmann)

Auf der Vernissage war ich dann sehr neugierig auf diese Ausstellung - im Jahr 2020 kurz vor dem Ausbruch der Sars-CoV2-Pandemie - und auf Traute Kelms Werke und wollte Traute Kelm gerne in einem zukünftige Band der *Fortunae*-Reihe aufnehmen wollen. Was nun und an dieser Stelle passiert! Ein großer Dank geht an Margarete Olschowka, dass sie dieser spannenden Glückstädter Künstlerin ein Forum gab, und an Traute Kelms Sohn Fortunatus Christian Heidelmann, selber künstlerisch unterwegs, der die Werkschau weitestgehend arrangiert hatte.

Christine Berg mit Quellen der Familie

Charlotte „Lotte“ Tidow

Ab und zu kreuzten sich unsere Wege – tatsächlich aber gar nicht in personam. Wenn ich jedoch für die Detlefsen-Gesellschaft Glückstadt e.V. in den letzten zwei Jahren mal wieder eine Publikation austragen mochte, warf ich ein Exemplar immer im Landhaus am Möwenweg ein, wo Lotte Tidow im Alter lebte. Und leider kurz vor Weihnachten 2020 verstarb. Ich hätte sie gerne noch persönlich kennengelernt.

Im Januar 2021 entdeckte ich dann eher zufällig ihre Todesanzeige vom Lawn-Tennis-Club Elmshorn e.V. von 1868 in der Presse und wollte etwas mehr zu ihrem Leben wissen. Nicht nur zu Glückstadt und Umgebung entdeckte ich Spannendes.

Lotte Tidow war die „Grande Dame“ im Tennisnorden, wie der Erste Vorsitzende des Clubs, Dr. K. Ulrich Rubehn, sie in der Anzeige würdigte. Sie war wirklich eine herausragende Tennis-Persönlichkeit und Ehrenmitglied des Lawn-Tennis-Club Elmshorn e.V. von 1868.

Lotte Tidow wurde in Glückstadt geboren. Leider konnte ich noch nicht ihren Geburtsnamen und den Geburtstag recherchieren. Auch über ihr Leben und ihre Familie jenseits von Tennis und Sport ist mir bislang nichts weiter bekannt.

Mit ihrer legendären LTCE-Damenmannschaft dominierte sie über zwei Jahrzehnte das Tennis in Schleswig-Holstein.

Im Jahr 1949 wurden Landesmeister Damen und Herren: Lotte Tidow (LTC Elmshorn) und Heiner Hoffmann (TG Düsternbrook), in den Jahren 1952 und 1954 sowie 1955 wieder Lotte Tidow (LTC Elmshorn) und Peter Rode (LBV Phönix). Lotte Tidow wurde zweimal deutsche Jugendmeisterin.

Bei den „Internationalen Deutschen Tennismeisterschaften" des Jahres 1955 in Hamburg unterlag das schleswig-holsteinische Mixed Lotte Tidow und Peter Rode nur ganz knapp mit 8:6, 4:6 und 4:6 gegen die berühmte französische Paarung Anne-Marie Seghers und Jean Borotra.

„1950: Lotte Tidow aus Glückstadt spielte ab 1949 über Jahrzehnte für den LTC Elmshorn. 1952 wurde sie auf der deutschen Rangliste an 8 notiert."[1]

„Bei den »Internationalen Tennismeisterschaften von Deutschland 1954« am Hamburger Rothenbaum schlug sich die 14jährige Ilse Buding tapfer gegen die ihr überlegene deutsche Spitzenspielerin Frau Lotte Tidow aus Elmshorn."[2]

Zwischen dem 9.8.1949 und 30.7.1955 spielte sie jedes Jahr in Hamburg, dazu in Nizza und Cannes.[3]

Christine Berg

---

1 www.tennis.sh/verband/bildergalerien/1927-bis-1959?i=1950_Lotte_Tidow (Aufgerufen am 16.3.2021). Dort auch ein Foto von Lotte Tidow. Weitere Fotos und Kurztexte auf den Seiten von www.tennis.sh.

2 Spiegel Sport, Spiegel online, 10.08.1954, 13.00 Uhr. www.spiegel.de/sport/uns-schickt-der-praesident-a-89c871f9-0002-0001-0000-000028957169?context=issue (Aufgerufen am 16.3.2021).

3 Siehe dazu www.tennisabstract.com/cgi-bin/wplayer.cgi?p=LotteTidow (Aufgerufen am 16.3.2021).

Jüdisches Leben in Glückstadt seit 1619

Stolpersteine

Am 28. Juli 2021 wurden in Glückstadt in der Schlachterstraße die ersten drei Stolpersteine verlegt.

Die Jüdinnen v.l.n.r. waren Magda Levy, Paula Meyer und Lea Laura Selcke (Fotos (3): Christine Berg)

„Der Künstler Gunter Demnig erinnert an die Opfer der NS-Zeit, indem er vor ihrem letzten selbstgewählten Wohnort Gedenktafeln aus Messing ins Trottoir einlässt. Inzwischen liegen STOLPERSTEINE in 1265 Kommunen Deutschlands und in einundzwanzig Ländern Europas.' Ein Mensch ist erst vergessen, wenn sein Name vergessen ist', zitiert Gunter Demnig den Talmud. Mit den Steinen vor den Häusern wird die Erinnerung an die Menschen lebendig, die einst hier wohnten. Auf den Steinen steht geschrieben: HIER WOHNTE ... Ein Stein. Ein Name. Ein Mensch."[1]

Kay Blohm bietet in seinem Buch *Das Haus der Ewigkeit in Glückstadt* die wichtigsten Hinweise zu allen drei Frauen an.[2]

---

1 Siehe unter www.stolpersteine.eu/start/ (Aufruf: 21.09.2021).
2 Kay Blohm (2021), S. 59-60.

Annex: „1.700 Jahre jüdisches Leben auf deutschem Boden" – Jüdisches Leben in Glückstadt seit 1619

Das Jahr 1619 – So fing es an: König Christian IV. ruft Einwanderungswillige nach Glückstadt, besonders wegen ihres Glaubens verfolgte Reformierte aus den Niederlanden und sephardische Jüdinnen und Juden aus Portugal.

Ein Privileg des Königs vom 3. August garantiert ihnen Religionsfreiheit, uneingeschränkte Bürgerrechte sowie Freiheit des Handels und Gewerbes.

Die Glückstädter Juden erhielten im Jahr 1630 das Recht, eine Synagoge zu bauen. Der Friedhof ist der bedeutendste in Schleswig-Holstein.

Im Jahr 1914 wurde als letzter Sammy Levy hier beerdigt. Seine Witwe Jenny Lübeck Levy, geb. Lübeck, vermachte später das gesamte Vermögen der Gemeinde und übergab dem Stadtarchiv historische Dokumente. Dafür verpflichtete sich die Stadt, den Judenfriedhof instand zu halten.

Im Frühjahr und Sommer 2017 fand im Detlefsen-Museum Glückstadt die Ausstellung „Die Geschichte der Jüdischen Gemeinde Glückstadt 1619-1915" statt.

Straßenumbenennung: Am 12.09.2021 wurde mit einem Festakt die Straße „Pentzstraße", die am jüdischen Friedhof ein Teilstück hat, in „Am Jüdischen Friedhof" umbenannt.

Annex: Jüdisches Leben in Glückstadt seit 1619
Inhaltsverzeichnis

Frauen und Mädchen „mosaischen“ bzw. jüdischen Glaubens: Grabsteine und Grabplatten auf dem Jüdischen bzw. Israelitischen Friedhof in Glückstadt, und darüber hinaus

Über Aljofereira Rachel Henriques, Naamia de Castro, Caroline Jacoby Selke und Jenny Lübeck Levy haben wir bereits in Band 1 der *Fortunae*-Reihe berichtet und alle vier haben dort einen eigenen Eintrag erhalten. Inzwischen gibt es ergänzende Recherchen und ich konnte Fotos von weiteren Grabplatten machen, bei denen ich Frauen zumindest namentlich zuweisen konnte. Diese sind beileibe nicht alle, denn warum bei Null anfangen, wenn es nun in diesem Jahr 2021 das lange erwartete Werk von Kay Blohm gibt, der den Jüdischen Friedhof en detail und mit vielen Abbildungen und Fotos sowie Info-Texten und Übersetzungen aus dem Hebräischen präsentieren wird.[1]

Da uns beiden das Thema aber mehr als wichtig ist, wollen wir an dieser Stelle exemplarisch Frauen und Mädchen „mosaischen“ bzw. jüdischen Glaubens vorstellen. Meist liegen uns nur wenige Infos vor, dann aber eine Zusammenstellung von Daten und natürlich mit einem Foto der Grabplatte und des Grabsteins oder Hinweise aus den Volkszählungen sowie der damaligen Presse.

Im Jahr 2021 leben Jüdinnen und Juden nachweislich 1.700 Jahre auf dem Gebiet des heutigen Deutschland. Dies wird im Jubiläumsjahr bundesweit mit einer Vielzahl von Veranstaltungen gefeiert und gewürdigt. Ziel ist, „jüdisches Leben sichtbar und erlebbar zu machen und dem erstarkenden Antisemitismus etwas entgegenzusetzen“ (Quelle: https://2021jlid.de, 15.01.2021).

---

1 Kay Blohm (2021), *Das Haus der Ewigkeit in Glückstadt. Die jüdische Gemeinde und ihr Friedhof*, Kay Blohm, 25379 Herzhorn, 240 Seiten.

In diesem Zusammenhang wurde in Glückstadt das zwischen der „Bahnhofstraße“ und der „Christian-IV.-Straße“ gelegene Teilstück der „Pentzstraße“ umbenannt in „Am Jüdischen Friedhof“. Nach langer Vorbereitungszeit ist die Umbenennung nun von allen Seiten freigegeben worden. Sie wurde mit einem Festakt begangen – und zwar am 12. September 2021. Der jüdische Friedhof in Glückstadt beherbergt heute (Sommer 2021) offen zu sehen 89 sephardische Grabplatten (einige davon aber Aschkenasim zugehörig) und 10 aschkenasische Grabsteine. Wiedergefundene Grabsteine und –platten werden den Friedhof zukünftig bereichern.

Der jüdische Friedhof in Glückstadt „Am Jüdischen Friedhof“ ist etwas Besonderes und steht unter Denkmalschutz: Denn hier wurden zahlreiche sephardische Jüdinnen und Juden begraben. Sie waren um das Jahr 1620 herum nach Glückstadt gekommen, weil ihnen König Christian IV. bei der Stadtgründung Glaubensfreiheit und Privilegien gewährte. Als Sephardim (Sephard*innen) bezeichnen sich die Jüdinnen und Juden und ihre Nachfahren, die bis zu ihrer Vertreibung der Jahre 1492 und 1513 auf der Iberischen Halbinsel lebten. Nach ihrer Flucht ließen sich die Sephard*innen zum größten Teil in Siedlungsgebieten des Osmanischen Reiches (Bosnien) und in Nordwestafrika (Maghreb) nieder. Ein kleiner Teil siedelte sich auch in Nordeuropa an, insbesondere in den Seehandelsstädten der Niederlande (unter anderem Amsterdam), und in Norddeutschland (vor allem in Hamburg).

Wenige Jahre vorher schon wurde die Ausstellung „Die Geschichte der Jüdischen Gemeinde Glückstadt 1619–1915“ des Detlefsen-Museums aufgrund der guten Besuchendenzahl bis zum 12. November 2017 verlängert. Vielbeachtete Eröffnung war im März 2017, dem 400. Jubiläumsjahr und -monat der Stadtgründung Glückstadt. Über das Jahr 2017 hinweg gab es mehrere aufschlussreiche und oft ganzseitige Zeitungsbeiträge in der *Glückstädter Fortuna,* verfasst von Kay Blohm, Herbert Frauen und Christian Boldt. Der umfang- und kenntnisreiche Artikel „Der Jüdische Friedhof von Glückstadt“ von Joachim G. Jacobs erschien im Begleitband zur Ausstellung[2] und im Festband *400 Jahre Glückstadt. Festschrift der Detlefsen-Gesellschaft zum Stadtjubiläum*, Seiten 89-105 (Norderstedt: BoD, 2017, hrsg. von Christian Boldt). Zahlreiche Fotos, Abbildungen, alte Karten und Grundrisse sowie die aktuellen Entwicklungen und Pläne ergänzen diesen Artikel von Jacobs. Christian Boldt und Kay Blohm gaben zur Ausstellung den Band „Der Jüdische Friedhof in Glückstadt" heraus, der in Erweiterung viele Familien vorstellt und ebenso Übersetzungen der Grabplatten liefert.[3]

Bereits im Jahr 2002 waren die Jüdische Welt, Geschichte und Kultur Thema für das *Steinburger Jahrbuch 2002*, wobei eher ganz Schleswig-Holstein mit allen Facetten darin abgedeckt wurde. Auch Glückstadt und den sephardischen Juden als frühste Einwanderer der Gemeinde wurden Beiträge gewidmet.

Ebenso findet man Hinweise in dem Buch *Portugiesengräber auf deutscher Erde* von Max Grunwald, Beiträge zur Kultur- und Kunstgeschichte, Hamburg 1902, Verlag Alfred Janssen. Im Internet finden sich weitere Quellen wie unter www.jüdische-gemeinden.de/index.php/gemeinden/e-g/737-glueckstadt-schleswig-holstein oder www.dasjuedischehamburg.de/kategorie/orte/glueckstadt. Auch genealogische Internet-Quellen lassen sich finden, den Wahrheitsgehalt muss man natürlich überall überprüfen.

Hilfreich für die Zuordnung der jüdischen Familien sind u.a. die beiden Einwohnerverzeichnisse von 1803 und 1835, die sich beide im Internet recherchieren lassen.

Christine Berg

---

2 Christian Boldt (Hrsg.) (2017[2]), *Die Geschichte der Jüdischen Gemeinde Glückstadt 1619–1915, Begleitpublikation zur Ausstellung des Detlefsen-Museums,* Glückstadt.

3 Kay Blohm und Christian Boldt (Hrsg.) (2018), *Der Jüdische Friedhof in Glückstadt, Begleitpublikation zur Ausstellung des Detlefsen-Museums,* Glückstadt.

Ester de Casa

Ester de Casa ist am 10 ELVL 5404 (Sonntag, der 11. September 1644) gestorben. Der Monat Elul ist der zwölfte und letzte des bürgerlichen jüdischen Kalenders und der sechste des religiösen jüdischen Kalenders. Er hat 29 Tage und fällt im gregorianischen Kalender in die Zeit von August und September.

Auf der Grabplatte sind in allen Ecken Blumenrosetten mit fünf Blütenblättern graviert, wobei der untere Teil abgebrochen ist oder wurde. Eine eingeritzte Linie umläuft die ganze Grabplatte und innen um die Blüten herum. Der Originaltext lautet:

ESTER DE CASA
DE ISHAC ABAS
QVE FALESEO
A: 10 ELVL Ao
5404

Christine Berg

Die Grabplatte im Mai 2016. (Foto: Christine Berg)

Ester de Caseres

Für sie gibt es eine große Grabplatte mit zwei trauernden Putten unter dem oberen Bogen. Dieser ist mit Ähren oder Knospen und mit Blumenrosetten geschmückt. Die Grabplatte weist links und rechts der Inschrift gewundene Säulen auf, die sich symmetrisch spiegeln und Blättchen und Blüten aufweisen. Im oberen Bereich lehnen die beiden Putten an einem Stundenglas. Die Inschrift ist in hebräischer (oben) und portugiesischer (unten) Sprache verfasst. Ganz unten ruht ein Schädel auf Gebeinen.

Portugiesisch (mit spanischer Färbung):
S^A^
DA MUY VIRTUOSA Y HO
NESTA S^RA^ ESTER MUL
HER QUE FOY DO S^R^ BIN
JAMIN DIONIS DE CA
SERES FAL^O^ EM NOU
TE DE SALIENTE SA
BAT EM 17 DE AB A^O^
5491 SAGDG

Deutsch:
Grab der sehr tugendhaften und ehrbaren
Frau Ester, Ehefrau des Binjamin Dionis
de Caseres. Verstorben ...... des Sabbat
am 17. Av. des Jahres 5491 (19. August 1731)
Ihre Seele möge des göttlichen Ruhmes
teilhaftig werden.[1]

1 Übersetzung zu finden unter https://www.juedische-friedhoefe.info/friedhoefe-nach-regionen/schleswig-holstein/gluecksstadt/bilder.html.

Die Grabplatte im September 2021.
(Foto: Christine Berg)

Kay Blohm bietet in seinem Buch *Das Haus der Ewigkeit in Glückstadt* auch die Übersetzung aus dem Hebräischen an.[2]

Christine Berg

---

2 Kay Blohm (2021), S. 122-123.

Rachel Daveiga

Auf der Grabplatte sind in allen Ecken Blumenrosetten mit fünf Blütenblättern graviert. Eine eingeritzte Linie umläuft die ganze Grabplatte und innen um die Blüten herum. Das Sterbedatum ist in lateinischer Schreibweise nicht mit aufgeführt bzw. eingraviert.

Die hebräische Inschrift, hier ist zu lesen: „Gestorben am Freitag, den 7. Juli 1651", ist von Kay Blohm in seinem eigenen Werk *Das Haus der Ewigkeit in Glückstadt* ins Deutsche übersetzt Interessierten zugänglich gemacht.

Der portugiesische Originaltext lautet schlicht:

A
S DE RACHEL
DAVEIGA

Christine Berg

Die Grabplatte im Mai 2016.
(Foto: Christine Berg)

Hana Henrikus

Im Glückstädter Detlefsen-Museum wurde im Jahr 2017 im Rahmen der renommierten und vielbeachteten Ausstellung „Die Geschichte der Jüdischen Gemeinde Glückstadt 1619-1915" auch dieser etwas kleinere Grabstein ausgestellt. Die Texttafel des Museums, von der hier zitiert wird, gab Folgendes wieder:

„Der in der Mitte auseinander gebrochene Grabstein von Hana Henrikus war nach der Friedhofschändung 1941 verschollen und ist im August 2017 dem Detlefsen-Museum übergeben worden.

Hana Henrikus war eine Tochter des Meir aus Hamburg und mit Mordechai Henrikus verheiratet."

Beim Säubern der Steine stellte sich heraus, dass zwei Bruchstücke einen vollständigen, in der Mitte gebrochenen, Grabstein ergaben. Es ist das Grabmal von Hana Henrikus, die im Alter von 67 Jahren am 20. Mai 1802 in Glückstadt verstarb.

„Übersetzung der Inschrift:
Hier ist geborgen
die Betagte, >die tüchtige Gattin<, Frau
He?na, Tochter des Meir
Die… aus H(amburg), Gattin des Herrn?
Mordechai Henrikus
Geboren 12 Ijar 495,
verschieden am Rüsttag des heiligen Schabbat, 18 Ijar
562 der kleinen Zählung. Ihre Seele sei eingebunden in das Bündel des Lebens
Geboren 4. Mai 1735; gestorben Donnerstag, 20. Mai 1802.

Beim Geburtsjahr ist statt der Lesung [Hebräisch] / 495 auch die Lesung [Hebräisch] / 498 möglich, das entspricht Freitag dem 2. Mai 1738“

Die kleine Grabplatte soll wohl im Jahr 2021 wieder dem Jüdischen Friedhof zugeführt werden.

Christine Berg

(Fotos (2): Christine Berg)

Rachel Henriques Aljofereira

Wenig ist mir über Rachel Henriques Aljofereira (oder Aljofereiro) bekannt. Laut der Grabplatte, die auf dem Jüdischen Friedhof in Glückstadt zu finden ist, verstarb sie „20 DE ADAR 5424", was der christlichen Zeitrechnung nach dem 17. März 1664 entspricht. Das heißt, die sephardische Grabplatte ist schon sehr alt und dokumentiert eine der frühesten Einwohnerinnen Glückstadts. Der Monat Adar ist der sechste nach dem bürgerlichen jüdischen Kalender und der letzte nach dem religiösen Kalender. Nach dem gregorianischen Kalender beginnt der Adar Mitte Februar.

In der privat verfassten Familiensaga von Joseph Ben-Brith–Bundheim vom Januar 1995 ist zu finden, dass Rachel wohl die Ehefrau von Joseph Henriques, dem Perlenhändler und der auch Aljofareiro hieß, gewesen sein soll. Dieser Saga ist zu entnehmen, dass es viele familiäre Verflechtungen zwischen jüdischen Bewohnerinnen und Bewohnern Glückstadts, Altonas und Amsterdams gegeben haben soll.

Die Inschrift des schlicht gehaltenen und in allen vier Ecken mit Blumenrosetten, die aus zwei Kreisen mit je fünf Blütenblättern bestehen, verzierten Steines lautet:

A
S. DA BENAVENTVRADA
RACHEL HENRIQVES.
ALiOFEREiRA FALECEO
2^{B} F^{B} 20 DE ADAR
5424.

Deutsch:
Grabstätte der seligen
Rachel Henriques

Aljofereira verstorben am Montag, den
20 ADAR des Jahres 5424
(= 17. März 1664)[1]

Grabplatte von Rachel Henriques Aljofereira im Mai 2016 aufgenommen. (Foto: Christine Berg)

Christine Berg

---

1 Übersetzung zu finden unter https://www.juedische-friedhoefe.info/friedhoefe-nach-regionen/schleswig-holstein/glueckstadt/bilder.html.

Schöne Holländer, geb. Lübeck

Auszüge aus der *Glückstädter Fortuna* von 1810

Ich warne hiedurch einen jeden, an meinen mittelsten Sohn Levin Moses Hollander, auf meinen Namen nichts zu borgen, indem ich in keinem Falle für die Bezahlung hafte.
Glückstadt den 8ten September 1810.
Moses Hollander Wittwe.

Wenn nach der Erklärung meiner Mutter die in der vorigen Zeitung gegen mich eingerückte Bekanntmachung auf Zureden einiger Verwandten geschehen, sie indessen, nach der von mir vorgelegten Rechnung, es wohl einsieht, daß sie zu diesen gethanen Schritt, ohne Ursache dazu gehabt zu haben, zu voreilig gewesen, so mache ich dem geehrten Publicum zur Aufrechthaltung meines Credits bekannt, daß, wenn jemand Forderungen an mich hat, keiner wegen der Bezahlung gefährdet werden soll, und ich auf meiner Mutter Namen nicht das geringste verlange.
Glückstadt den 12ten September 1810.
Levin Moses Hollander.

Quelle: Gemeinsames Archiv der Stadt Itzehoe und des Kreises Steinburg. Recherche und Zusammenstellung Jutta Ohl. Schrifttypografie angelehnt an das Original

Da es diese beiden korrespondierenden Anzeigen gab, deren Texte nachfolgend zu finden sind, habe ich im Weiteren auch die komplette Familie Holländer/Hollander gefunden, die in der Volkszählung von 1803 dokumentiert worden ist. In dem Jahr lebte der Hausvater noch, der unter der Adresse Große Reichenstraße 125 (heute: Reichenstraße 2) einem großen Haushalt vorstand.[1]

[1] Der Eintrag mit einem Fotoreprint des Archivs erschien in *Fortunae* Band 4, S. 51-53 unter dem Haupttitel „Zeitungsannoncen von Frauen“.

Der dann 60-jährige Moses Abraham Levi Holländer[2] (geb. 1743) war Schutzjude und „handelte mit alten Kleidern", seine Ehefrau, um die es ja in der Anzeige sieben Jahre später ging, war die 46-jährige Schöne Lübeck (geb. 1757), also 14 Jahre jünger als ihr Ehemann. Viele ledige Kinder und Enkelinnen lebten mit in der Familie. Zu ihnen gehörten die folgenden acht: Hirsch (24, geb. 1779), Friederike (21, geb. 1782), Sara (18, geb. 1785), Miene (15, geb. 1788), Abraham (13, geb. 1790), Levin (11, geb. 1792), Israel (9, geb. 1794) und der jüngste war Marcus (5, geb. 1798).

Außerdem lebte die (wohl) älteste Tochter Hanna Holländer (27, geb. 1776) mit ihren drei Töchtern, also den Enkelinnen von Moses Abraham Levi Holländer und Schöne Lübeck, mit unter dieser Adresse. Sie wurde als „geschieden" dokumentiert, bei ihr, wie bei allen Religionen und Glaubensrichtungen vor 200 Jahren ein „No-go". Die Töchter waren Schöne Levin (7, geb. 1796), Miena Levin (5, geb. 1798) und die kleine Friederike Levin (2, geb. 1801).

Nach etwas Recherche entdeckte ich einen Israel Levin[3] (40, geb. 1763), der im Zensus von 1803 ebenfalls als „geschieden" registriert wurde. Der Hausvater und Schutzjude „handelte". Da die Kinder mit Nachnamen „Levin" hießen, sehe ich hier einen ganz engen familiären Zusammenhang. Das 18-jährige und ledige Dienstmädchen Anna Schmidt (geb. 1785) lebte mit unter der Adresse Große Reichenstraße 85 (heute: Reichenstraße 12), der dort der 2. kleine Haushalt war.

Im Jahr 1835 lebte als 2. Familie die der Witwe Fenne Holander[4], geb. Løbeck [Lübeck] (79, geb. 1756), unter der Adresse Namenlose Straße Nr. 63, 2. Stockwerk (heute: Namenlose Straße 32) und ihrer ledigen Tochter Sara Hollander (48, geb. 1787). Beide wurden als „Bekenner des mosaischen Glaubens, erhalten fortwährend Unterstützung" do-

2 Siehe unter www.danishfamilysearch.com/cid1913117.

3 Siehe dazu www.danishfamilysearch.com/cid1958071.

4 Dazu www.danishfamilysearch.com/cid3493406.

kumentiert. Auch wenn es leichte Abweichungen bei den Daten und den Schreibungen gibt, gehe ich davon aus, dass es die Witwe Hollander aus der Annonce von 1810 war.

Christine Berg

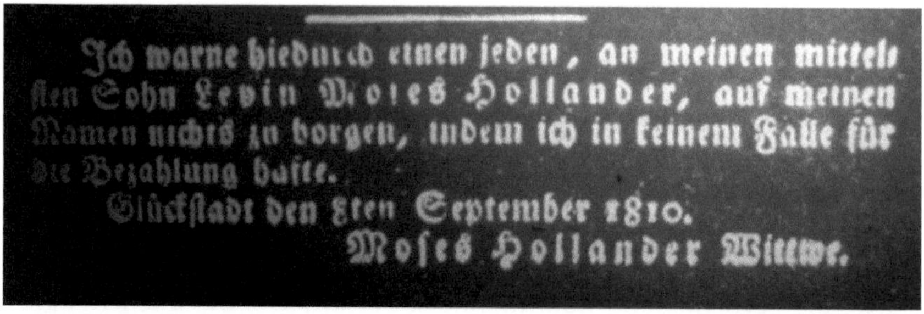

Ich warne hiedurch einen jeden, an meinen mittelsten Sohn Levin Moses Hollander, auf meinen Namen nichts zu borgen, indem ich in keinem Falle für die Bezahlung hafte.

Glückstadt den 8ten September 1810.

Moses Hollander Wittwe.

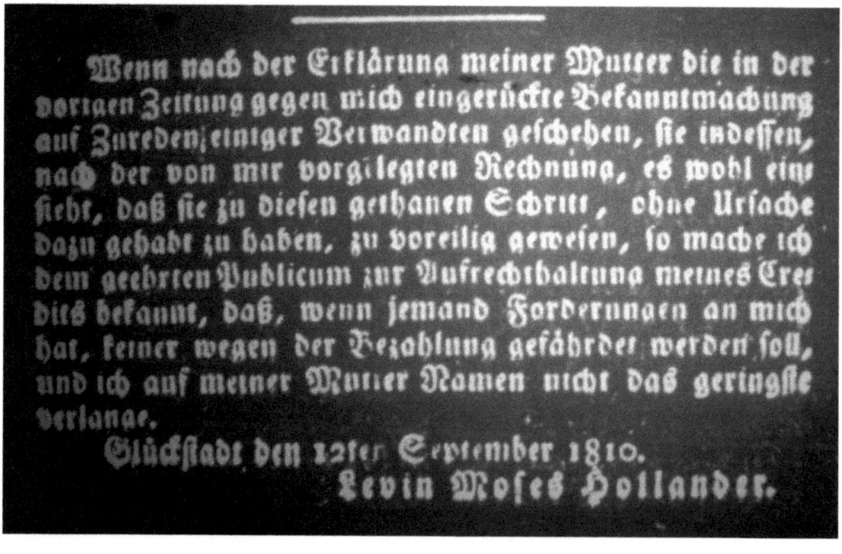

Wenn nach der Erklärung meiner Mutter die in der vorigen Zeitung gegen mich eingerückte Bekanntmachung auf Zureden einiger Verwandten geschehen, sie indessen, nach der von mir vorgelegten Rechnung, es wohl einsieht, daß sie zu diesen gethanen Schritt, ohne Ursache dazu gehabt zu haben, zu voreilig gewesen, so mache ich dem geehrten Publicum zur Aufrechthaltung meines Credits bekannt, daß, wenn jemand Forderungen an mich hat, keiner wegen der Bezahlung gefährdet werden soll, und ich auf meiner Mutter Namen nicht das geringste verlange.

Glückstadt den 12ten September 1810.

Levin Moses Hollander.

Anzeige aus dem Archiv auf Microfiche.
(Fotos (2): Jutta Ohl)

Christine Berg

Sara Ionatan

Sara Bat Ionatan, gestorben 7 Adar 5425 (= 22. Februar 1665). Der Monat Adar ist der sechste nach dem bürgerlichen jüdischen Kalender und der letzte nach dem religiösen Kalender. Nach dem gregorianischen Kalender beginnt der Adar Mitte Februar. Sara war die Tochter des Jonathan. Kay Blohm bietet in seinem Buch *Das Haus der Ewigkeit in Glückstadt* auch die Übersetzung aus dem Hebräischen an.[1]

Auf der ansonsten sehr schlichten Grabplatte sind in allen Ecken Blumenrosetten mit vier Blütenblättern graviert. Im oberen Teil ist eine hebräische Inschrift zu finden, der portugiesische Originaltext lautet:

SEP^{A} DA VIRTVOSA
S^{RA} SARA BAT IONATA^{N}
FALECEO EM 7 DE ADA^{R}
A^{O} 5425 SVA ALMA
GOSE DA GLORIA

Christine Berg

Die Grabplatte im Mai 2016. (Foto: Christine Berg)

1 Kay Blohm (2021), S. 93.

Die Frauen der Familien Israel / Isaac

Über den Familien-Clan der Israels hatte Kay Blohm bereits in der *Glückstädter Fortuna* am 24.02.2017 auf Seite 8 ausführlich berichtet. Ebenso hingen Tafeln dieser Familien in der Ausstellung „Die Geschichte der Jüdischen Gemeinde Glückstadt 1619–1915" des Detlefsen-Museums und sind im Begleitband beschrieben.[1]

Hilfreich für die Zuordnung der jüdischen Familien sind auch die beiden Einwohnerverzeichnisse von 1803 und 1835, die sich beide im Internet recherchieren lassen.

Im Jahr 1803 wohnte in der Schlachterstraße 11 (heute: Schlachterstraße 3) der 61-jährige Hausvater und Schutzjude Israel Isaac[2] (geb. 1742); er handelte mit Kaffee, Tee und Zucker. Verheiratet war er mit der 13 Jahre jüngeren, nämlich der 48-jährigen **Rachel Samuel [Isaac]** (geb. 1755). In dem Jahr hatten beide acht Kinder.

Es lebten vier Töchter und vier Söhne unter dieser Adresse: Die älteste war Sara Israel (22, geb. 1781), dann Bele (17, geb. 1786), Belime (9, geb. 1794) und Schene Israel (7, geb. 1796). Die Söhne waren Isaac Israel (20, geb. 1783), Samuel (15, geb. 1788), Frummet (12, geb. 1791) und schließlich Simson Israel (11, geb. 1792).

Im Jahr 1835 bewohnte danach Isaak Israel[3] mit seiner großen Familie bzw. einem großen Haushalt die Adresse Schlachterstraße Nr. 12, 2. Stockwerk (heute: Schlachterstraße 3, 1803 ein Packraum). Der dann 53-Jährige (geb. 1782) wurde als Bekenner des mosaischen Glaubens

1 Kay Blohm und Christian Boldt (Hrsg.) (2018), *Der Jüdische Friedhof in Glückstadt, Begleitpublikation zur Ausstellung des Detlefsen-Museums,* Glückstadt.

2 Siehe zum Haushalt www.danishfamilysearch.com/cid1977406.

3 Siehe zum Haushalt www.danishfamilysearch.com/cid3493210.

dokumentiert. Verheiratet war er mit **Ester Warburg [Israel]**, die in dem Jahr 43 Jahre alt war (geb. 1792).

Zwölf ledige Kinder wurden 1835 registriert: sieben Töchter und fünf Söhne. Diese waren Sophia Israel (21, geb. 1814), Hinriette (19, geb. 1816), Ricka (15, geb. 1820), Rahel (14, geb. 1821), Betty (10, geb. 1825), Fanny (8, geb. 1827) und Rosa Israel (2, geb. 1833).

Die Söhne waren Samuel Israel (20, geb. 1815), der als Commis tätig war, Moritz (13, geb. 1822), Alexander Israel (12, geb. 1823), der gegen Mitte des 19. Jahrhunderts ein Herrenbekleidungsgeschäft unter dieser Adresse eröffnete, Salomon (6, geb. 1829) und Abraham Israel (3, geb. 1832).

Als weiterer Commis lebte der ledige Isaak Salomon (28, geb. 1807) mit im Haushalt ebenso die beiden unverheirateten Dienstmädchen Elsabe Wichmann (21, geb. 1814) und Cicilia Wohlers (17, geb. 1818), die nicht als Bekennerinnen des mosaischen Glaubens dokumentiert wurden.

Kay Blohm bietet in seinem Buch *Das Haus der Ewigkeit in Glückstadt* auch die Übersetzung des Grabsteins von Isaak Israel aus dem Hebräischen an.[4]

Christine Berg

---

4 Kay Blohm (2021), S. 154-155.

Minna Jacoby, geb. Israel

Diese Grabplatte hat in den oberen zwei Dritten eine hebräische Inschrift, auf deren Übersetzung noch gewartet werden musste. Weiter unten finden sich auf Deutsch der Name und die Lebensdaten. Diese eingelassene Inschrift weist einen Mix aus kursiven Buchstaben und in Kapitälchen gehaltenen Namen und Daten auf.

Ansonsten ist diese Grabplatte sehr schlicht gehalten, keine typischen Dekore und Gravuren lassen sich ausmachen.

Hier ruhet
MINNA JACOBY *geb.* ISRAEL
geb. d. 26. *Juny* 1818
gest. d. 16. *August* 1848

Die Grabplatte im Mai 2016. (Foto: Christine Berg)

Ob Minna Israel eventuell eine Tochter von Isaak Israel[1] und Ester Warburg war, musste ich noch herausfinden. Jedenfalls war sie im Zensus des Jahres 1835 nicht in Glückstadt dokumentiert worden. Vielleicht war sie schon verheiratet und lebte in dem Jahr nicht in Glückstadt. Das war jedoch ein Irrtum, wie sich nach Veröffentlichung des nachfolgenden Werkes herausstellte.

Kay Blohm bietet in seinem Buch *Das Haus der Ewigkeit in Glückstadt* auch die Übersetzung des Grabsteins von Minna Jacoby aus dem Hebräischen an.[2]

Außerdem kann er durch diese Übersetzung Hinweise auf die Familie und den Ehemann geben. Der Vater war demnach Mosche Israel, ihr Ehemann Michael – Jechiel – Jacoby. Aber auch hier und trotz dieser neuen Information bin ich im Zensus des Jahres 1835 nicht fündig geworden.

Christine Berg

---

1 Siehe zum Haushalt www.danishfamilysearch.com/cid3493210.

2 Kay Blohm (2021), S. 185.

Caroline Jelenkiewicz, geb. Spiro

Ein weiterer aschkenasischer Grabstein gehört zu Caroline Jelenkiewicz, geb. Spiro, die am 1. April 1840 (5602) in Hamburg geboren wurde und am 21. Oktober 1885 (5646) in Glückstadt verstarb. Über die Eheleute Caroline und Siegmund Jelenkiewicz hatte Kay Blohm bereits in der *Glückstädter Fortuna* am 16.02.2017 auf Seite 8 ausführlich berichtet. Auf ihrem Grabstein ist zu lesen:

Hier ruhet
Frau CAROLINE JELENKIEWICZ.
geb. SPIRO.
geb. in Hamburg am 1. April 1840 [5602].
gest. in Glückstadt am 21. Oktbr 1885 [5646].

Der Grabstein im Mai 2016.
(Foto: Christine Berg)

Später erst entdeckte ich, dass ich auch den Grabstein von Minna Jelenkiewicz, geb. Laiks, fotografiert hatte, wenngleich nicht in voller Höhe. Von der Machart her sieht er aus wie einige evangelisch-lutherische Grabsteine auf dem Norderfriedhof.

Hier ruhet
Frau Minna Jelenkiewicz
geb. Laiks
geb. zu Posen am 3. Sept.
1807
5567
gest. zu Glückstadt am 17.
Aug. 1869
5629
Frieden zu säen war Dein
Streben
Hienieden
Ewiger Frieden sei nun Dir
Beschieden.[1]

Der Grabstein im Juli 2016.
(Foto: Christine Berg)

Christine Berg

---

1 Kay Blohm und Christian Boldt (Hrsg.) (2018), Der Jüdische Friedhof in Glückstadt, *Begleitpublikation zur Ausstellung des Detlefsen-Museums,* Glückstadt. Inschrift aus dem Heft übernommen. Weiterer Text zur Familie dort.

Jenny Levy, geb. Lübeck

Die Stadt Glückstadt galt als je her offen für Menschen anderen Glaubens. Neben sephardischen Juden und Reformierten kamen auch Katholiken, Mennoniten und Remonstranten. Die Glückstädter Juden erhielten im Jahr 1630 das Recht, eine Synagoge zu bauen. Der Friedhof ist der bedeutendste in Schleswig-Holstein.

Im Jahr 1914 wurde als letzter Sammy Levy hier beerdigt. Er wurde zu Harburg am 29. Januar 1848 geboren und verstarb am 15. Mai. Seine Witwe Jenny Levy, geb. Lübeck, wurde am 29. Juni 1847 in Glückstadt geboren, vermachte später das gesamte Vermögen der Gemeinde und übergab dem Stadtarchiv historische Dokumente. Dafür verpflichtete sich die Stadt, den Judenfriedhof instand zu halten. Sie verstarb in Hamburg am 11. Oktober 1929.

Im Frühjahr und Sommer 2017 fand im Detlefsen-Museum Glückstadt die Ausstellung „Die Geschichte der Jüdischen Gemeinde Glückstadt 1619-1915" statt, die mit einem Begleitband dokumentiert und mit einem vielfältigen Beiprogramm umrahmt wurde. Ausführlicher wird über die Familie Levy auf den Seiten 28-29 berichtet.

Der Grabstein des Doppelgrabes im Mai 2016. (Foto: Christine Berg)

Christine Berg

Esther Lübeck, geb. Samuel

Auch diese Grabplatte hat keine weiteren Schmuckelemente oder Dekore – nur einen kurzen Strich ganz unten – und weist im oberen Drittel eine hebräische Inschrift aus. Bislang konnte ich noch nichts weiter zu ihr herausfinden, in der dokumentierten Volkszählung von 1835 konnte ich sie nicht ausmachen.

Esther Lübeck
geb. Samuel
gest. d. 5 Januar
1847
alt 90 Jahr

Die Grabplatte im Mai 2016.
(Foto: Christine Berg)

Der deutschen Inschrift nach, die ungefähr die unteren zwei Drittel ausmacht, muss sie im Jahr 1757, vielleicht plusminus ein Jahr, geboren worden sein. Traditionellerweise werden auf Grabsteinen und Grabplatten von Jüdinnen und Juden nur die Sterbedaten angegeben, da diese für die Ewigkeit wichtig sind.

Kay Blohm bietet in seinem Buch *Das Haus der Ewigkeit in Glückstadt* auch die Übersetzung des Grabsteins von Esther Lübeck aus dem Hebräischen an.[1]

Demnach war sie mit dem „Kirchenbedienten und Schutzjuden" Wulff Lübeck (40, geb. 1763) verheiratet, der mit der Familie im Jahr 1803 in der Großen Deichstr. 27 lebte (heute: Große Deichstr. 1). Es wurden in dem Jahr fünf ledige Kinder dokumentiert: Die Tochter Schöne Lübeck (11, geb. 1792) und die vier Söhne Israel (10, geb. 1793), Hirsch (7, geb. 1796), Levin (5, geb. 1798) und der jüngste Israel (3, geb. 1800). Laut Zensus gab es demnach zwei Söhne namens Israel Lübeck, beide zeitgleich.

Esther Lübeck (43, geb. 1760) ist dort allerdings als eine geborene Israel[2] verzeichnet worden. Es gilt also herauszufinden, warum im Zensus dieser Geburtsname steht. Die Grabplatte ist zunächst maßgeblich, und dort steht geborene Samuel. Vielleicht hieß ihr Vater Israel Samuel und dies wurde verwechselt? Auch konnte ich bislang nur eine Rachel Samuel (im Jahr 1803 die Ehefrau von Israel Isaac) und eine Hanchen Samuel (im Jahr 1835 die Ehefrau von Hirsch Wulff Lübeck, s.o.) ausfindig machen. Wie hier die familiären Zusammenhänge bestehen könnten, muss ich noch an anderer Stelle erforschen.

Christine Berg

---

1 Kay Blohm (2021), S. 184.

2 Siehe zur Familie unter www.danishfamilysearch.com/cid2007577.

Wilhelmine Rachel Mahs (Maß?)

Im Glückstädter Detlefsen-Museum wurde im Jahr 2017 im Rahmen der renommierten und vielbeachteten Ausstellung „Die Geschichte der Jüdischen Gemeinde Glückstadt 1619-1915" auch dieser Kindergrabstein ausgestellt. Die Texttafel des Museums gibt Folgendes wieder:

„Das kleine Kindergrabmal mit flachem Dreiecksgiebel ist unterhalb der Inschrift abgebrochen. Der Grabstein war in drei Teile zerbrochen und wurde wieder zusammengefügt.

Wilhelmine Mahs (Maas) wurde in Güstrow geboren. Die Familie zog 1854 nach Glückstadt. Wilhelmine verstarb im Alter von 2 Jahren. Der Grabstein war nach der Friedhofschändung 1941 verschollen und ist im August 2017 dem Detlefsen-Museum übergeben worden."

Die Inschrift lautet:

Hier ruhet
Wilh^ine Rachel
Maß
Geb. 29. Juni 1853
Gest. 26. Aug. 1855

Die kleine Grabplatte soll wohl im Jahr 2021 wieder dem Jüdischen Friedhof zugeführt werden.

Der kleine Grabstein von Wilhelmine Rachel Mahs (Maß?). Foto vom Juli 2018 im Detlefsen-Museum.
(Fotos (2): Christine Berg)

Christine Berg

Cheva b. Jizchak Paliachi bzw. Eva Henriques

Auf der aufwändig gemeißelten Grabplatte sind in allen Ecken Blumenrosetten mit von innen nach außen konzentrisch laufend vier, fünf und sechs Blütenblättern herausgearbeitet. Knapp das untere Drittel nimmt ein Motiv ein, dass eine Frau (Eva?) neben einem Baum mit einer Schlange darum (?) darstellt; im Hintergrund ist eine Landschaft auszumachen.

Darüber findet sich ein Helm mit Visier, ein Wappenrelief, umrahmt von floralen Ranken oder Blättermotiven; sehr ähnlich dem Grabstein der evangelischen Familie Rohde, der auf dem Norderfriedhof zu finden ist. Siehe dazu den Beitrag zu Rohde und Gransow in diesem *Fortunae* Band 5.

Hinten jeweils die Grabplatte von Cheva b. Jizchak Paliachi, die im unteren Teil das Schmuckelement mit der Schlange zeigt.

Links unten die Grabplatte von Izek b. Israel, rechts eine Grabplatte mit den eher selteneren erhabenen Schriftzügen, Name ist mir nicht bekannt. (Fotos (2): Christine Berg)

Unterhalb der Frauenfigur ist ein Schütze zu sehen (ihr Sternzeichen), hier in Form einer löwenähnlichen Tierfigur. Dass Eva im Zwiegespräch mit der um den Baum gewundenen Schlange (Genesis 3, 1-5) dargestellt wird, soll ein typisches Element bei Grabplatten der Sepharden sein.

Cheva wurde am Donnerstag, den 28.10.1627, geboren, gestorben ist sie am Donnerstag, den 25.02.1694.[1]

Davor findet sich die Grabplatte von Izek b. Israel, der im Alter von 74 Jahren am 30.05.1856 gestorben ist, demnach im Jahr 1782 geboren wurde. Zu Izek (Isaac/Isaak) Israel siehe auch den Beitrag der Familien Israel in dieser Rubrik.

Kay Blohm bietet in seinem Buch *Das Haus der Ewigkeit in Glückstadt* auch die Übersetzung des Grabsteins von Cheva b. Jizchak Paliachi bzw. Eva Henriques aus dem Hebräischen an.[2] Er liefert weitere Erläuterungen und ein Foto der Grabplatte.

Christine Berg

---

1 Angaben entnommen aus Kay Blohm und Christian Boldt (Hrsg.) (2018), Der Jüdische Friedhof in Glückstadt, *Begleitpublikation zur Ausstellung des Detlefsen-Museums,* Glückstadt. Dort ist auch die Übersetzung zu finden. Zu Izek Israel siehe ebendort.

2 Kay Blohm (2021), S. 104.

Caroline Selke, geb. Jacoby

Caroline Selke, geb. Jacoby, wurde am 21. November 1812 geboren. Sie lebte bis zum 26. Januar 1901 und ist auf dem Jüdischen Friedhof in Glückstadt beigesetzt. Ihr aschkenasischer Grabstein ist heute noch zu sehen. Ihr Ehemann war Levin Lübek Selke, der am 12. März 1792 geboren wurde und bis zum 11. August 1877 lebte. Levin Selke war der Bruder von Jacob Selke, Caroline Selke somit Schwägerin von Amalie Selke. Im Zensus von 1835 konnte ich das Ehepaar bislang nicht ausfindig machen.

Ausführlicher berichtet Kay Blohm über die Familie Selke in dem Beitrag „Friedhof immer wieder geschändet", der am 3. März 2017 auf Seite 8 in der *Glückstädter Fortuna* erschien, sowie in: Kay Blohm und Christian Boldt (Hrsg.) (2018), *Der Jüdische Friedhof in Glückstadt, Begleitpublikation zur Ausstellung des Detlefsen-Museums*, Glückstadt.

Der Grabstein des Doppelgrabes im Mai 2016. (Foto: Christine Berg)

Christine Berg

Sara da Silva

Sara da Silva ist am 17 Nisan 5411 (= 8. April 1651) gestorben. Sie war also eine der sehr früh dokumentierten Frauen bzw. sephardischen Jüdinnen Glückstadts. Der Monat Nisan ist der siebte nach dem bürgerlichen jüdischen Kalender und der erste nach dem religiösen Kalender. Er dauert immer 30 Tage. Der Beginn des Monats Nisan schwankt und fällt in den Zeitraum von Mitte März bis Mitte April.

Auf der schlicht gehaltenen Grabplatte sind in allen Ecken Blumenrosetten mit vier Blütenblättern graviert. Die linke untere Ecke ist abgebrochen und wieder angesetzt worden, als alle Grabsteine und Grabplatten des Friedhofs neu gebettet wurden. Dem jüdischen Glauben nach sind die Sterbedaten wichtig für das ewige Leben, Geburtsdaten kommen wenig oder gar nicht vor; sie spielen eigentlich keine Rolle. Der Originaltext lautet:

S[A]
DA. BEMMAVENTVRADA
SARA. DA. SILVA. QVE
PARTIO. DESTA.
PARA. MELHOR. VIDA.
EM. 17. DE. NISAN. DO
ANNO. 5411:

Den unteren Teil kann man frei übersetzen mit: „Die von hier in ein besseres Leben geht.“ Kay Blohm bietet in seinem Buch *Das Haus der Ewigkeit in Glückstadt* auch die Übersetzung des Grabsteins Sara da Silva aus dem Hebräischen an.[1]

---

1 Kay Blohm (2021), S. 112.

Die Grabplatte der Sara da Silva im Mai 2016, die linke untere Ecke war bereits abgebrochen. (Foto: Christine Berg)

Christine Berg

Ergänzungen

Alma Magens und Natalie Magens

Beide Magens-Schwestern lebten um 1900 als Töchter eines Großbauern auf dem Pöppelhof in Strohdeich 24 nahe bei Glückstadt, für die irgendeine Haus- oder Berufsarbeit nicht standesgemäß gewesen wäre. Beide schnitzten aus Holz Truhen oder Schränke. Die Kerbschnittschnitzerei wurde zum Ende des 19. Jahrhunderts sehr beliebt, v.a. Mädchen schnitzten sich so ihre Aussteuer zusammen.

Ein wunderschöner, reich geschnitzter Wandschrank der beiden ist im Detlefsen-Museum in Glückstadt zu bestaunen, dort finden sich auch die nachkolorierten Porträt-Fotos der beiden Schwestern, die fast wie Gemälde erscheinen. Diese wurden von E. Bieber, Berlin, gefertigt. In Band 1 der *Fortunae*-Reihe haben wir die beiden Schwestern bereits aufgenommen (siehe Seiten 145-146).

Bei einem Besuch im Glückstädter Stadtarchiv, derzeit zum größten Teil im Lentzenweg untergebracht, konnte ich viele Aktenordner mit alten Fotos und handschriftlichen Hinweisen zu früheren Einwohnerinnen und Einwohnern sowie unzähligen weiteren Themen aus Glückstadts Geschichte durchforsten.

Werner Wriegt (22.3.1924-5.1.2016), ehemaliger Postmeister Glückstadts und ehrenamtlich tätiger „Magazinmeister" des Archivs, hatte diese vielen Hunderte von Fotos gesichtet, geordnet und auf Kartonpapier fixiert sowie dieses beschriftet, sofern ihm Angaben und Informationen vorlagen. Vor allem in den Ordnern zu „Personen" konnte ich reichlich Bildmaterial zu Frauen finden.

Wunderbarerweise stieß ich dann im Sommer 2020 auf ein Kabinettfoto der Größe von ca. 11x16 cm aus dem Atelier der Hofphotographen Benque & Kindermann, die in Hamburg in der Esplanade 2 zu finden waren. Notiert ist auf dem Einlegebogen:

„Nr. 5661. Geschwister Magens vom Pöppelhof – Strohdeich
Von links n. rechts:
Alma Elise Natalie"

(Repro/Foto: Christine Berg)

Deren Ähnlichkeit auf den vermutlich später entstandenen Fotos von Bieber ist unverkennbar. Natalie hält in der linken Hand drei Rosen, Alma trägt ähnlichen Kragenschmuck wie auf dem späteren Foto. Zwei Bücher liegen ungeöffnet auf einem Tisch. Dies ist vermutlich beabsichtigt, denn in der Regel wird ein Buch geöffnet in der Hand präsentiert.

Christine Berg

Alphabetischer Index für alle fünf *Fortunae*-Bände

Alphabetischer Index für alle fünf Bände, sortiert nach Nachnamen, mit Hinweisen auf das zugeordnete Jahrhundert, *Fortunae*-Band und Seitenzahl/en. Dieser ist allerdings nicht vollständig, bei weitem nicht, da es viele Frauennamen gibt, die nur kurz in Beiträgen erscheinen und für die jeweilige Frauenbiografie eine untergeordnete Rolle spielen. Diese vollständig aufzuführen würde den Rahmen der *Fortunae*-Reihe sprengen.

Name	Vorname	Jhdt.	Band	Seiten
Bollen	Elisabeth	3	2	93
Bongé de	Magdalene Julie	3	4	85-93
Borcker	Caroline	2	1	60-61
Borrack	Auguste Laura Catharina	3	5	119-121
Brandes	Ella	3	1	91-92
Branmann	Metta	2	1	62-63
Braunschweig-Calenberg	Sophie Amalie von	1	1	22-23
Brockdorff	Ina von	3	2	94-99
Broresen	Anna	1	3	27-30
Brühl	Anneliese	3	1	93-95
Bruhn	Waltrud	4	1	197-209
Brumm	Anna	2	2	45-48
Buschard	Tine, geb. Erichsen	3	1	96-97
Caseres	Ester	1	5	167-168
Castens	Anna	3	1	102-103
Castro	Naamia de	1	1	24-25
D'Argence	Marquise	2	2	49-52
Daveiga	Rachel	1	5	169
de Casa	Ester	1	5	166
Detlefsen	Wihelmine „Minna"	3	1	112-124
Detlefsen	Marie	3	1	107-111
Doos(e)	Charlotte	2	1	64-66
Doos(e)	Charlotte	2	2	173
Ehlers/Ehlert	Madame	3	5	73-74
Eichstorff	Charlotte von	2	3	58-62
Eimers	Else	4	2	157-159
Erps	Gesche	2	2	53-55
Essen	Karla von	4	3	143-146
Essen	Karla von	4	4	123-129
Evert	Anna	3	5	75-77
Faber	Gerda	4	2	160-161
Fabricius	Ida, geb. Esmarch[k]	2	2	56-57
Falck	Bertha Lilly	3	5	78-81
Falck	Frieda Marie	3	5	78-81
Falck	Elly Margaretha	3	5	78-81
Falck	Jenni, geb. Baumeister	3	5	78-81
Feuerherdt	Gerta, geb. von Halem	3	2	103-105
Franck	Pauline	3	2	106-110

Name	Vorname	Jhdt.	Band	Seiten
Frevert	Cicilia	3	5	129-136
Friederike Amalie	Prinzessin von Dänemark	1	2	22-25
Gehner	Christiane	4	5	149-151
Görris	Emma, geb. Dohrn	3	5	90-92
Gottaut	Helene Lina	4	4	130-135
Gransau	Christina, verh. Schenck	2	3	74-77
Granso	Elsabe, geb. Martens	3	5	27-33
Groth	Christel Bertha	4	2	162-165
Grüwell	Kattrna	1	5	25-26
Grzybek	Elisabeth	4	4	136-143
Gyldenløve	Elisabeth Sophie	1	1	26-27
Haene	Anna	3	2	131
Hagerstein	Abel	1	3	31-36
Hahn	Margarethe	2	3	78-81
Haller	Helene von	3	1	132-133
Hänel	Elisabeth	1	3	31-36
Hansen	Sophie	3	1	134-136
Hansen	Emilie, geb. Nissen	3	5	93
Hasch	Emma	4	4	180-182
Hassen	Anna	1	1	28-29
Heesch	Cicilie	2	4	56-58
Hennings	Margaretha	2	2	86-87
Henrikus	Hana	2	5	170-171
Henriques	Eva	1	5	189-190
Henriques Aljofereira	Rachel	1	1	19
Henriques Aljofereira	Rachel	1	5	172-173
Hoff	Mariechen	4	4	180-182
Hollander	Schöne, geb. Lübeck	2	4	51-53
Holländer	Schöne, geb. Lübeck	2	5	174-176
Ionatan	Sara	1	5	177
Isaac	Rachel, geb. Samuel	3	5	178-179
Israel	Ester, geb. Warburg	3	5	178-179
Jacoby	Minna, geb. Israel	3	5	180-181
Jelenkiewicz	Minna, geb. Laiks	3	5	182-183
Jelenkiewicz	Caroline, geb. Spiro	3	5	182-183
Karlsen	Anna	2	2	59

Name	Vorname	Jhdt.	Band	Seiten
Keil	Bürgermeisterin	1	4	37-38
Keller	Baronesse Augusta von	2	3	82-84
Kelm	Traute	4	5	152-157
Klöckers	Catrine	1	2	36-38
Klüver	Cathrina	3	5	94
Kobrock	Dorothea	3	2	132-134
Kopmans	Elsabe	2	4	59-61
Krabbe	Margarethe	2	3	70-71
Krumm	Emmi	3	1	137-138
Kruse	Wibeke	1	1	35-39
Kühl	Elise	3	5	97-101
Kühl	Anna, geb. Schmidt	3	5	97-101
Langen	Anna	2	3	85-88
Leipold	Pauline	3	1	139-142
Lenz-Drewes	Elisabeth	4	2	166-167
Leonhardt	Anna von	2	1	67
Levy	Jenny, geb. Lübeck	3	1	143-144
Levy	Jenny, geb. Lübeck	3	5	184
Leyonstierne	Elisabeth von, geb. von Schoppe	2	3	89-92
Liliencron	Anna von, geb. Strube	2	4	62-66
Lindenberg	Sybille	4	3	153-157
Loehmann	Talcke	3	3	129-134
Lohmanns	Catharina	1	4	39-45
Lohmanns	Dorothea	1	4	39-45
Lübeck	Esther, geb. Samuel	2	5	185-186
Lüdemann	Magdalena	2	5	57-59
Ludewin	Louise	2	2	61
Magens	Natalie	3	1	145-146
Magens	Alma	3	1	145-146
Magens	Natalie	3	5	194-195
Magens	Alma	3	5	194-195
Mahn	Dora	4	2	168-170
Mahs	Wilhelmine Rachel	3	5	187-188
Maria	Maria	3	5	96
Mauss	Lieselotte	4	1	210-212
Mecklenburg	Hanna	4	1	213-215
Meinert	Anneliese	4	1	216-225
Meinert	Ellen	4	1	226-228

Name	Vorname	Jhdt.	Band	Seiten
Meyer	Antonie	3	1	147-148
Meyerdirks	Ida	3	2	135-136
Meyn	Nanny	4	2	171-
Michelsen	Wiebcke	2	2	68-70
Minck	Anny	3	1	149-154
Minck	Paula	3	1	149-154
Munk	Kirsten	1	1	40-44
Netzow	Caroline	3	2	137-138
Noelke	Ilse	4	1	229-234
Oesau	Wanda	3	1	155-161
Ohl	Jutta	4	4	185-194
Ötken	Sophie von	2	3	58-62
Paliachi	Cheva b. Jizchak	1	5	189-190
Paulsen	Hedwig von	1	4	46-48
Pechlin	Maria Elise	2	3	93-95
Pentz	Sophie Elisabeth Gräfin von	1	1	45-49
Petersen	Maria	2	2	71-72
Petersen	Emilie	3	3	135-136
Petersen	Emilie	3	5	104-115
Prangen	Therese von	2	3	58-62
Puff	Rosa	3	4	105-108
Queisser	Elsa	3	5	116-118
Raben	Madame von	3	1	162-166
Ramann	Lina	3	1	167-169
Rassiga	Asta, geb. von Halem	3	1	129-131
Rehder	Auguste	3	5	119-121
Rehder	Johanna	3	5	119-121
Rehder	Wilhelmine	3	5	119-121
Reinhardt	Magdalene	4	1	235-240
Richardson	Ida	2	2	73-74
Richter	Anni, geb. Ellerbroock	3	5	141-143
Rieß	Elfi	4	4	195-196
Rohden	Gesche, geb. Bartholomai	1	5	27-33
Rönne	Melusine von	2	3	96-97
Rönne	Friederike von, geb. Cartheuser	2	3	98-100
Rose	Agnes Hermine Pauline, geb. Margendorff	3	5	122-125

Name	Vorname	Jhdt.	Band	Seiten
Rötger	Louise Sophie, verh. (von) Christensen	2	5	40-47
Saul	Käthe	3	2	139-144
Schade	Elisabeth	2	3	70-71
Scharmer	Annette, verh. Schwarzkopf	3	5	126-129
Schaumburg	Hedwig von, verh. von Schoppe	2	3	89-92
Schirach	Caroline Emilie von, geb. von Levetzow	2	3	101-106
Schirach	Metta von, geb. Grove	2	3	101-106
Schlüter	Catharina	2	2	59
Schlüter	Emma	3	4	109-115
Schneider	Ilse	3	1	170-172
Scholz	Wilhelmine	3	1	173-175
Schoppe	Anna von	2	3	89-92
Schroeder	Margaretha, geb. Tiedemann	2	2	75-77
Schultzen	Christina	2	3	107-111
Schwass	Ilse	3	1	176
Seidel	Auguste Amalie	2	1	70-72
Selcke	Ida	2	3	112-117
Selke	Karoline, geb. Jacoby	2	1	73-74
Selke	Caroline, geb. Jacoby	3	5	191
Sellnow	Henriette	4	1	241-243
Silva	Sara da	1	5	192-193
Spitznasen	Anna von	1	1	50-51
Stammer	Agatha	1	3	37-38
Stein	Sophie	3	5	129-136
Stein	Ida, geb. Daebel	3	5	129-136
Steinbock	Anna	2	2	61
Stockmans	Gertrud von	3	2	145-150
Stortebecker	Martha	3	1	177
Strackerjan	Margarete	3	4	116-119
Struckmann	Friederike	2	3	63-65
Struckmann	Hedwig Rebecca Maria	2	5	60-63
Struve	Paula	3	5	137-138
Struwe	Paula	3	1	100
Teves	Elise	3	5	139-140
Thaumiaux	Rolande	4	1	244-250
Thorndecker	Anna	2	2	78-79

Name	Vorname	Jhdt.	Band	Seiten
Thorndecker	Dorothea	2	2	78-79
Tidow	Charlotte	4	5	158-159
Tiessen	Anna	3	1	178-180
Unglaub	Margaretha	2	4	67-74
Veltheim	Dorothea	2	3	73
Vendt	Cäcilia Margaretha, geb. Thornedden	2	5	64-65
Volkmann	Ida	3	1	181-182
von Bremen	Anna Dorothea, geb. Hansen	2	5	37-39
Voss	Dorothea	2	4	75-76
Wasmer	Anna Johanna von	1	1	52-56
Wasmer	Catharina Maria von	1	1	52-56
Weinert	Gertrud, verh. Günther	3	5	141-143
Wiemer	Anna	3	1	183
Wiemer	Anna	3	2	177
Wiemer	Anna	3	3	161-162
Wilckens	Magdalene	3	1	184-186
Willemoes-Suhm	Mathilde von, geb. von Qualen	3	3	137-140
Witzendorff	Margarete sophie, geb. Brockenhuus von Löwenhielm	2	4	77-81
Wölber	Louise	3	1	187-188
Wölber	Louise	3	3	160
Ziegenhorn	Maria Regina	2	2	88-90
Ziegenhorn	Maria Elisabeth	2	2	88-90
Ziegenhorn	Anna Sophie	2	2	88-90
Zornig	Maria	2	3	72

Danksagungen

Unser ganz großer Dank geht an viele Glückstädter Bürgerinnen und Bürger, die uns mit Rat und Tat, Tipps und vielen weiterführenden Hinweisen geholfen haben. Ohne sie hätte das Buch nicht in dieser Form und nicht in diesem Umfang entstehen können.

Allen Autorinnen und Autoren, die honorarfrei und mit viel Engagement die Lebensläufe verfasst haben, möchten wir an dieser Stelle nochmals sehr sehr herzlich danken. Deren Beiträge sind namentlich alle kenntlich gemacht; ferner werden sie hier nachfolgend aufgeführt.

Auch Christian Boldt und Corinna Schmidt gilt wie jedes Jahr unser ganz großer Dank, die beide im Detlefsen-Museum tätig und dem Buchprojekt gegenüber mehr als aufgeschlossen sind und uns bei Archiv- und Recherchearbeiten sehr tatkräftig unterstützt haben.

Dass Dr. Miriam J. Hoffmann, Leiterin des Kreismuseums Prinzeßhof, Itzehoe, uns dankenswerterweise für Band 5 ein freundlich zugedachtes Grußwort verfasst hat, wissen wir sehr zu schätzen.

In Vorfreude auf einen weiteren Band, da sich im Laufe der Zeit bestimmt noch Neues auftun wird in Sachen Glückstädter Frauengeschichte(n), grüßen sehr herzlich eure und Ihre

Christine Berg und Jutta Ohl

Wichtige mündliche Quellen und private Fotobestände ergänzen die Biografien. Wertvolle Informationen, Texte und Fotos für dieses Buch haben dankenswerterweise beigetragen:

Christine Berg
Kay Blohm
Annette Drummen
Ulf Evers
Fortunatus Heidelmann
Dr. Miriam J. Hoffmann, Leiterin Kreismuseum Prinzeßhof, Itzehoe
Gabriele Knoop
Uwe Lüthje
Walter Magens
Ruth Möller
Jutta Ohl
Margarete Olschowka
Heike Petersen, verh. Lindenberg
Elisabeth Picard
Christine Reimers
Anke Strackerjan

Das Erscheinen dieses Buches wird ermöglicht durch die großzügige finanzielle Förderung unserer Sponsorinnen und Sponsoren, denen wir an dieser Stelle nochmals sehr sehr herzlich danken:

Donna Doria e.V.
Christine Berg
Jutta Ohl

Jutta Ohl

Jahrgang 1943

Realschulabschluss

Kauffrau 1960 - 1976

1976 - 1991 Schulsekretärin am Kreisgymnasium (heute SSG)

1976 - 1996 Kommunalpolitisch tätig in verschiedenen Gremien

1991 - 2008 1. Gleichstellungsbeauftragte für den Kreis Steinburg

Ehrenamtlich tätig in verschiedenen Vereinen und Verbänden

E-Mail: jutta-ohl@iz-kom.de

Christine Berg

Jahrgang 1961

Abitur 1981 in Kiel

Bankkauffrau 1981-1988

Studium der Sinologie und Germanistik 1988-1995

Editorial Managerin am GIGA in Hamburg seit 2001

Chinesisch-Dozentin seit 1996

Ehrenamtlich engagiert in verschiedenen kulturell tätigen Vereinen sowie Umwelt- und Naturschutz-Verbänden; Kommunalpolitisches Ehrenamt

E-Mail: gongsi@china-dienste.de

Umschlagvorderseite: Verzeichnis der Fortunae

Die Rechte für alle Fotos des Umschlags liegen bei Christine Berg.

1. Kirchturmspitze, ev. Stadtkirche, Am Markt	2. Gilde-Emblem, Detlefsen-Museum	3. 1 Speziestaler 1623, Detlefsen-Museum	4. Buchdekor
5. Buchumschlag	6. Gildepokal der Glückstädter Schützenbruderschaft, 1758, Detlefsen-Museum	7. Stele, Itzehoer Straße	8. Fensterdeko, Altstadt
9. Spiegelung Entenhaus, Stadtanlagen	10. Stadtsiegel 1617, Detlefsen-Museum	11. Schild, Am Neuendeich	12. Relief im Kandelaber, Am Markt
13. Gilde-Emblem, Detlefsen-Museum	14. Fresko am Rathaus, Am Markt	15. Autoaufkleber	16. Zeitung „Glückstädter Fortuna“

17. Freibad	18. Fortunas Fischladen, Große Nübelstraße	19. Gullideckel, Am Markt	20. Buchumschlag

Umschlagrückseite: Verzeichnis der Fortunae

1. Fahne auf einem Schiff, Binnenhafen	2. Kirchturmspitze, ev. Stadtkirche, Am Markt	3. Schützengilde	4. 1 Speziestaler 1641, Detlefsen-Museum
5. Siegelabdruck, Jüdische Gemeinde, Detlefsen-Museum	6. J. J. Augustin, „Glückstädter Fortuna“	7. Uhr am Bahnhofsgebäude	8. Patenschaftsurkunde, Detlefsen-Museum
9. Gilde-Emblem, Detlefsen-Museum	10. Siegel der Stadt Glückstadt, Detlefsen-Museum	11. Zeitung „Glückstädter Fortuna“	12. Wetterfahne, Glückstadt-Nord
13. Alte Kirchturmspitze, Detlefsen-Museum	14. Gullideckel, Am Markt	15. Entenhaus, Stadtanlagen	16. Kappenschild, um 1800, Detlefsen-Museum

17. Siegel der Jüdischen Gemeinde, Detlefsen-Museum	18. halber Speziestaler 1623, Detlefsen-Museum	19. Fahne, Glückstadt-Nord	20. Ehrenmedaille der Stadt Glückstadt

Danke an Donna Doria e.V.

Ein dickes DANKE an Donna Doria e.V. !!!

Der gemeinnützige Verein hat die Buchreihe über all die Jahre finanziert und unterstützt sowie immer ordentlich Werbung gemacht. Ich freue mich, dass ich viele Mitglieder kennengelernt und mit den Frauen tolle Gespräche geführt habe. Danke für die Hilfe bei allen Buchpräsentationen. Leider wird sich der Verein zum Herbst 2021 auflösen.

Christine Berg